校企合作双元开发新形态信息化活页式教材

高等职业教育财经商贸类技能型人才培养实用教材

U0616532

商务数据分析

（活页式）

主　编　张　苗　张卫林

副主编　李　扬

西南交通大学出版社

·成　都·

图书在版编目（CIP）数据

商务数据分析：活页式/张苗，张卫林主编. --
成都：西南交通大学出版社，2024.4
ISBN 978-7-5643-9553-7

Ⅰ. ①商… Ⅱ. ①张… ②张… Ⅲ. ①商业统计 – 统
计数据 – 统计分析 – 高等职业教育 – 教材 Ⅳ. ①F712.3

中国国家版本馆 CIP 数据核字（2023）第 221177 号

Shangwu Shuju Fenxi（Huoye Shi）

商务数据分析（活页式）

主　编／张　苗　张卫林

责任编辑／赵永铭

封面设计／何东琳设计工作室

西南交通大学出版社出版发行

（四川省成都市金牛区二环路北一段 111 号西南交通大学创新大厦 21 楼　610031）

营销部电话：028-87600564　　028-87600533

网址：http://www.xnjdcbs.com

印刷：四川玖艺呈现印刷有限公司

成品尺寸　185 mm×260 mm

印张　11.5　　字数　290 千

版次　2024 年 4 月第 1 版　　印次　2024 年 4 月第 1 次

书号　ISBN 978-7-5643-9553-7

定价　46.00 元

课件咨询电话：028-81435775

前 言

PREFACE

大数据时代下，电子商务行业蓬勃发展，商务与数据的结合成为必然趋势。海量商务数据下蕴藏着巨大的商业价值，如何从日常运营数据、市场数据、产品数据中挖掘客户需求、市场趋势及竞争者动向等决策信息，进而未雨绸缪、抢占商机，日渐成为决定电商发展成败的关键因素。但目前许多电商运营人员和电商专业学生对电子商务数据分析知识还缺乏较专业系统的认识和了解，鉴于此，本书作者根据自身多年来电子商务数据分析行业从业经验和教学经验，针对性地设计并编写了本书。

本书具有如下几点特色：

（1）活页结构。以活页式教材形式为切入，融传统教材内在逻辑与新型活页外在结构于一体，每一任务模板均包含知识学习、实践实训、素质提升三部分，读者可根据自身学习需要自由组合，添加学习笔记或拆分各知识点，交流分享。

（2）任务驱动。以活页式教材形式为落脚，立足电商实际需求，采用"任务+项目"的实战方式，弱化传统教材"教学材料"特征，突出新型教材"学习资料"功能，让读者通过实际操作与分析真正掌握商务数据分析的方法与技巧。

（3）资源丰富。以活页式教材形式为基础，每一项任务项目引入生动有趣并具有时代性的案例，引导学生进入"沉浸式"学习情境，同时整合视频、动画、课件、题库等数字化资源，构建专业化的教学资源池，读者可通过扫描二维码轻松获取各类学习配套资源。

（4）素质培养。以活页式教材形式为抓手，加速教学理念由"知识本位"向"能力本位"提升，全书各项任务按照《电子商务数据分析职业技能等级标准》，与1+X 电子商务数据分析证书考核知识点紧密融合，并且结合热点数据报告，在素质提升模块将思政元素无形融入，力争在帮助读者掌握专业商务数据分析知识的同时树立正确的世界观、人生观和价值观，认清时代责任，勇担历史使命。

本书内容全面、案例丰富，既可作为高职高专各专业学生数据分析课程的专业教材，也可作为广大数据分析爱好者的自学教材和参考用书。

本书由成都职业技术学院张苗、张卫林担任主编，李扬担任副主编。张苗负责全书架构设计并承担项目一至项目五的内容编写任务，张卫林负责全书复审并承担项目六至项目八的内容编写任务，李扬提供企业案例和企业数据支撑。

本书在策划和编写过程中，借鉴了许多国内外专家学者的学术观点，参阅了大量相关书籍、期刊和网络资料，在此谨对各位作者表示衷心感谢！

尽管编者在本书编写过程中力求精益求精，但由于时间紧迫，加之编者水平有限，书中存在的不妥之处，恳请广大读者批评指正，以便后期修订改进。

张苗 张卫林

2024 年 2 月

数字资源目录

序号	名称	资源类型	页码
26	方差分析练习源数据	EXCEL	100
27	回归分析练习源数据	EXCEL	101
28	时间序列分析练习源数据	EXCEL	101
29	《守山人》	网页	104
30	数据透视表简介	视频	111
31	数据透视表制作演示	视频	112
32	客户分析——客户画像案例	视频	112
33	图表展示法	视频	119
34	认识数据透视表	视频	119
35	《我们——"龙宫"里的男人》	网页	127
36	分析报告撰写	视频	138
37	数据分析报告的结构	视频	138
38	客户行为分析源数据	EXCEL	142
39	数据监控与报表制作源数据	EXCEL	150
40	词根数据表制作流程	视频	158
41	产品数据分析认知	视频	158
42	供应链数据分析	视频	159
43	电子商务网店数据分析的六个步骤	视频	159
44	异常数据鉴别与分析源数据	EXCEL	168

目　录
CONTENTS

任务一　项目准备

一、案例引入

如何求微信共同好友数?

"哎呀, 我们竟然有共同好友。"

"哎呀, 没想到你们也认识。"

经常在朋友圈评论区能够看到类似的评论, 这些评论反映的其实就是共同好友这个概念。那如果你是负责微信的数据分析师, 现在业务方想看下微信中任意两个人之间有多少个共同好友, 应该怎么看呢?

我们先创建一个模拟数据表, 创建代码如图 1-1 所示。

```
create table weixin_friends
(uid bigint,
tuid bigint);

insert into weixin_friends (uid,tuid)
values
(100,200),
(100,300),
(100,400),
(200,100),
(200,300),
(200,400),
(300,100),
(300,200),
(400,100)
```

图 1-1　模拟数据表代码

通过上述代码就创建了好友关系表 "weixin_friends", 该表的详细(模拟)数据如表 1-1 所示。

表 1-1　友好关系表

uid	tuid
100	200
100	300
100	400
200	100
200	300
200	400
300	100
300	200
400	100

"uid"表示每个用户在微信后台的用户 id（身份标识号），"tuid"表示"uid"对应的微信好友 id，现在我们要通过这张表查询出任意两个人之间的共同好友数，应该怎么做呢？

想一下，如果现在需要我们人工找出上表中任意两个人的共同好友的话，你会怎么做呢？

先从"tuid"着手，看下每一个"tuid"是哪些人的共同好友，也就是"tuid"链接了哪些人。

整理出表 1-2，任意两个人的共同好友数就一目了然了，只需要按照好友 1、好友 2 同时"group by"，然后"count（tuid）"就可以得到任意两个用户的共同好友数了。

表 1-2　两人好友关系表

tuid	好友 1	好友 2
200	100	300
300	100	200
400	100	200
100	200	300
100	200	400
100	300	400

那我们怎么样才可以得到上面这张的表呢？那就是把表"weixin_friends"通过"tuid"进行自连接，实现代码如图 1-2 所示。

```
select
 t1.uid t1_uid
 ,t1.tuid t1_tuid
 ,t2.uid t2_uid
 ,t2.tuid t2_tuid
from
 (select uid,tuid from weixin_friends) t1
join
 (select uid,tuid from weixin_friends) t2
on t1.tuid = t2.tuid
```

图 1-2　实现代码

运行上面代码会得到如图 1-3 所示结果。

	123 t1_uid	123 t1_tuid	123 t2_uid	123 t2_tuid
1	100	200	100	200
2	100	200	300	200
3	100	300	100	300
4	100	300	200	300
5	100	400	100	400
6	100	400	200	400
7	200	100	200	100
8	200	100	300	100
9	200	100	400	100
10	200	300	100	300
11	200	300	200	300
12	200	400	100	400
13	200	400	200	400
14	300	100	200	100
15	300	100	300	100
16	300	100	400	100
17	300	200	100	200
18	300	200	300	200
19	400	100	200	100
20	400	100	300	100
21	400	100	400	100

图 1-3　运行结果

上面结果存在两个问题，一个是自己和自己是共同好友（深色框圈出来的部分），即 t1_uid = t2_uid，另外一个就是 AB 和 BA 是两条记录（浅色框圈出来的部分），实际上背后是相同的两个人。为了解决这两个问题，我们就需要对"t1_uid"和"t2_tuid"进行限制，代码如图 1-4 所示。

```
select
 t1.uid t1_uid
 ,t1.tuid t1_tuid
 ,t2.uid t2_uid
 ,t2.tuid t2_tuid
from
 (select uid,tuid from weixin_friends) t1
join
 (select uid,tuid from weixin_friends) t2
on t1.tuid = t2.tuid and t1.uid < t2.uid
```

图 1-4　实现代码

运行上面代码会得到如图 1-5 所示结果。

	123 t1_uid	123 t1_tuid	123 t2_uid	123 t2_tuid
1	100	200	300	200
2	100	300	200	300
3	100	400	200	400
4	200	100	300	100
5	200	100	400	100
6	300	100	400	100

图 1-5　运行结果

然后再针对这个表中的"t1_uid""t2_uid"同时进行"group by"即可,实现代码如图 1-6 所示。

```
select
 t1_uid
 ,t2_uid
 ,count(t1_tuid) cnt
from
 (select
  t1.uid t1_uid
  ,t1.tuid t1_tuid
  ,t2.uid t2_uid
  ,t2.tuid t2_tuid
 from
  (select uid,tuid from weixin_friends) t1
 join
  (select uid,tuid from weixin_friends) t2
 on t1.tuid = t2.tuid and t1.uid < t2.uid
 )t
group by
 t1_uid
 ,t2_uid
```

图 1-6　实现代码

运行上面代码会得到如图 1-7 所示结果。

	123 t1_uid	123 t2_uid	123 cnt
1	100	200	2
2	100	300	1
3	200	300	1
4	200	400	1
5	300	400	1

图 1-7　运行结果

这就是我们想要的任意两个用户之间的共同好友数了。

注：以上文章来源于"俊红的数据分析之路"，作者张俊红。

【案例思考】　多个用户之间的共同好友数又应该如何求得？

二、学习目标

（1）掌握数据分析的基本概念，了解数据分析和电子商务数据的发展历程、应用前景。

（2）了解电子商务的功能，模式和特点。

（3）了解电子商务数据分析的意义；熟悉电子商务数据分析的常用方法、指标和步骤。

（4）学会查看电子商务数据情况，尝试分析电子商务数据。

（5）了解如何做好电子商务数据分析。

三、知识链接

（1）扫描二维码学习微课视频：初识数据分析。

初识数据分析

（2）扫描二维码查看日心说故事，理解数据分析概念。

数据分析的概念：日心说故事

（3）数字经济事关国家发展大局，认真学习《不断做强做优做大我国数字经济》，思考如何持续练好数字经济发展的"内功"，抢占未来发展制高点，推动我国数字经济进入更深入、更宽广的发展空间。

《不断做强做优做大我国数字经济》

四、学习内容

电子商务通常是指在全球各地广泛的商业贸易活动中，在因特网开放的网络环境下，基于客户端/服务端应用方式，买卖双方不谋面地进行各种商贸活动，实现消费者的网上购物、商户之间的网上交易和在线电子支付以及各种商务活动、交易活动、金融活动和相关的综合服务活动的一种新型的商业运营模式。电子商务即使在各国或不同的领域有不同的定义，但其关键依然是依靠着电子设备和网络技术进行的商业模式。

下面将对电子商务和数据分析分别展开介绍。

（一）电子商务的功能、模式和特点

1. 电子商务的功能

电子商务可提供网上交易和管理等全过程的服务。因此，它具有广告宣传、咨询洽谈、网上订购、电子支付、网上服务、网络调研、交易管理等各项功能。

（1）广告宣传功能。

电子商务可凭借企业的网站服务器和客户的浏览器，在互联网上发布各类商业信息。客户可借助网上的检索工具迅速地找到所需商品信息，而商家可利用网上主页和电子邮件在全球范围内做广告宣传。与以往的各类广告相比，网上的广告成本最为低廉，而给客户的信息量却最为丰富。

（2）咨询洽谈功能。

电子商务可借助互联网上的网站、电子邮件、新闻组和讨论组等手段来了解市场和商品信息，洽谈交易事务，如有进一步的需求，还可利用网上的白板会议来交流即时的图形信息。网上的咨询和洽谈能超越人们面对面洽谈的限制提供多种方便的异地交谈形式。

（3）网上订购功能。

电子商务可借助各种手段实现网上的订购。网上订购通常都是在产品介绍的页面上提供十分友好的订购提示信息和订购交互格式框。当客户填完订购单后通常系统会通过回复确认信息、单来保证订购信息的收悉。订购信息也可采用加密的方式使客户和商家的商业信息不被泄露。

（4）电子支付功能。

电子支付是电子商务的一个重要环节。客户和商家之间在网上直接采用电子支付手段可以节省交易中很多人员的开销，网上支付需要更为可靠的信息传输安全性控制，以防止欺骗、窃听、冒用等非法行为。

（5）网上服务功能。

对于某些适合在网上直接传递的货物它能被直接通过电子商务从电子仓库中发送到用户端，如软件、电子读物、信息服务等信息产品。此外，通过网络还可以进行其他服务。

（6）网络调研功能。

电子商务能十分方便地采用网页上的选择、填空等格式文件来收集用户对商品、服务的意见，这样不仅能使企业提高服务水平，更使企业获得了改进产品、发现市场的商业机会。

2. 电子商务的模式

电子商务可以分为企业与消费者之间的电子商务、企业与企业之间的电子商务、消费者与消费者之间的电子商务、线下商务与互联网之间的电子商务等六种模式。

（1）企业与消费者之间的电子商务（Business to Customer，即 B2C）。这是消费者利用互联网直接参与经济活动的形式，类同于商业电子化的零售商务。随着互联网的出现，网上销售迅速地发展起来。

（2）企业与企业之间的电子商务（Business to Business，即 B2B）。B2B 方式是电子商务应用最多和最受企业重视的形式，企业可以使用互联网或其他网络对每笔交易寻找最佳合作伙伴，完成从定购到结算的全部交易行为。

（3）消费者与消费者之间的电子商务（Customer to Customer，即 C2C）。C2C 商务平台就是通过为买卖双方提供一个在线交易平台，使卖方可以主动提供商品上网拍卖，而买方可以自行选择商品进行竞价。

（4）消费者对企业（Customer to Business，即 C2B）。最先由美国流行起来的消费者对企业（C2B）模式也许是一个值得关注的尝试。C2B 模式的核心，是通过聚合为数庞大的用户形成一个强大的采购集团，以此来改变 B2C 模式中用户一对一出价的弱势地位，使之享受到以大批发商的价格买单件商品的利益。

（5）线下商务与互联网之间的电子商务（Online to Offline，即 O2O）。O2O 指将线下的商务机会与互联网结合，让互联网成为线下交易的平台。O2O 通过网购导购机，把互联网与地面店完美对接，实现互联网落地，让消费者在享受线上优惠价格的同时，又可享受线下贴身的服务。

（6）协同商务（Collaborative Commerce，即 CC）。CC 将具有共同商业利益的合作伙伴整合起来，主要是通过与整个商业周期中的信息进行共享，实现和满足不断增长的客户的需求，同时也满足企业本身的活力能力。通过对各个合作伙伴的竞争优势的整合，共同创造和获取最大的商业价值以及提供获利能力。

3. 新媒体时代下电子商务的特点

（1）方便性：在电子商务环境中，人们不再受地域的限制，客户能以非常简捷的方式完成过去较为繁杂的商业活动。如通过网络银行能够全天候地存取账户资金、查询信息等，同时使企业对客户的服务质量得以大大提高。

（2）普遍性：电子商务作为一种新型的交易方式，将生产企业、流通企业以及消费者和政府带入了一个网络经济、数字化生存的新天地。

（3）安全性：在电子商务中，安全性是一个至关重要的核心问题，它要求网络能提供一种端到端的安全解决方案，如加密机制、签名机制、安全管理、存取控制、防火墙、防病毒保护等，这与传统的商务活动有着很大的不同。

（4）整体性：电子商务能够规范事务处理的工作流程，将人工操作和电子信息处理集成为一个不可分割的整体，这样不仅能提高人力和物力的利用率，也可以提高系统运行的严密性。

（5）协调性：商业活动本身是一种协调过程，它需要客户与公司内部、生产商、批发商、零售商间的协调。在电子商务环境中，它更要求银行、配送中心、通信部门、技术服务等多个部门的通力协作。

（6）集成性：电子商务以计算机网络为主线，对商务活动的各种功能进行了高度的集成，同时也对参加商务活动的商务主体各方进行了高度的集成，高度的集成性使电子商务进一步提高了效率。

（二）数据分析基础

1. 认识数据分析

数据的定义：数据是指对客观事件进行记录并可以鉴别的符号，是对客观事物的性质、状态及相互关系等进行记载的物理符号或这些物理符号的组合，是构成信息或者知识的原始材。

商务数据的定义：商务数据主要是指记载商业、经济等活动领域的数据符号。当然，不同数据的获取途径、分析目的、分析方法都不尽相同，不同行业、不同企业在数据分析中也都各有偏好。

数据分析的定义：用适当的统计分析方法对收集来的大量数据进行分析，将它们加以汇总和理解消化，以求最大化地开发数据功能，发挥数据的作用。

数据分析包括如下几个主要内容。

原因分析：分析过去已经发生的情况。

现状分析：分析现在正在发生什么。

预测分析：分析将来可能发生什么。

大数据的定义：通过获取、存储、分析，从大容量数据中挖掘价值的一种全新的技术架构。

大数据的特点：4V（Volume、Variety、Velocity、Value）。

（1）Volume（海量化）。

大数据的级别是 PB/EB 级别（见图 1-8）。

1PB，需要大约 2 个机柜的存储设备。容量大约是 2 亿张照片或 2 亿首 MP3 格式音乐。如果一个人不停地听这些音乐，可以听 1900 年。

```
1 KB = 1024 B  (KB - kilobyte)
1 MB = 1024 KB (MB - megabyte)
1 GB = 1024 MB (GB - gigabyte)
1 TB = 1024 GB (TB - terabyte)
1 PB = 1024 TB (PB - petabyte)
1 EB = 1024 PB (EB - exabyte)
1 ZB = 1024 EB (ZB - zettabyte)
```

图 1-8　大数据的级别定位

1EB，需要大约 2000 个机柜的存储设备。如果并排放这些机柜，可以连绵 1.2 千米那么长。如果摆放在机房里，需要 21 个标准篮球场那么大的机房，才能放得下。

数据量不仅大，增长还很快——每年增长 50%。即，每两年就会增长一倍。

（2）Variety（多样化）。

数据的形式是多种多样的，包括数字（价格、交易数据、体重、人数等）、文本（邮件、网页等）、图像、音频、视频、位置信息（经纬度、海拔等），等等，都是数据。

数据又分为结构化数据和非结构化数据。

结构化数据，是指可以用预先定义的数据模型表述，或者可以存入关系型数据库的数据。

而网页文章、邮件内容、图像、音频、视频等，都属于非结构化数据。

在互联网领域里，非结构化数据的占比已经超过整个数据量的 80%。

（3）Velocity（时效性）。

数据从生成到消耗，时间窗口非常小。数据的变化速率和处理过程正呈现出越来越快的趋势。

（4）Value（价值密度）。

大数据的数据量很大，但随之带来的，就是价值密度很低，数据中真正有价值的，只是其中的很少一部分。

2. 电子商务数据分析的作用

数据分析的目的是把隐藏在一大批看似杂乱无章的数据背后的信息集中和提炼出来，总结出研究对象的内在规律。在实际工作当中，数据分析能够帮助管理者进行判断和决策，以便采取适当策略与行动。具体可用于以下方面。

（1）商品关联挖掘营销。

（2）社会网络营销。

（3）地理营销。

（4）用户行为分析营销（见图 1-9）。

（5）个性化推荐营销。

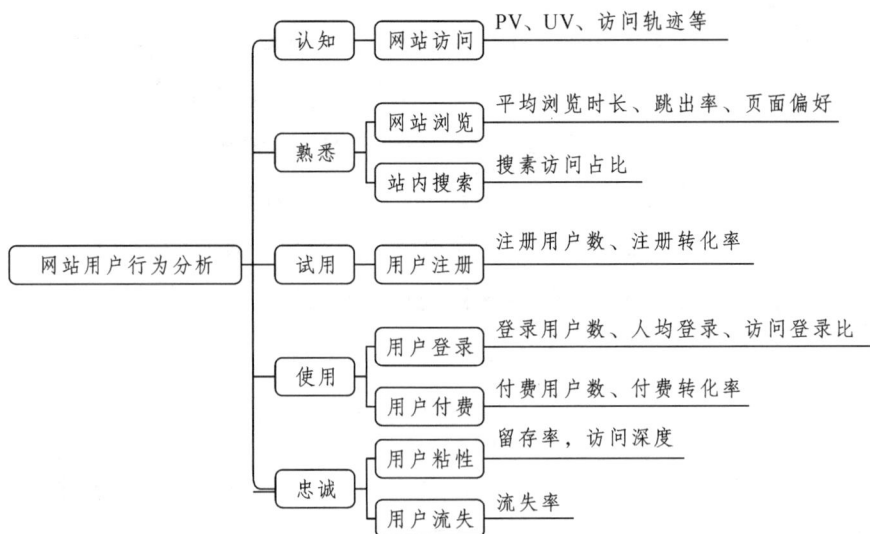

图 1-9　网站用户行为轨迹分析思路

3. 数据分析工作流程

数据分析的过程主要包括 6 个既相对独立又相互联系的阶段。

（1）需求确认：与数据分析客户确认需求，包括数据采集范围、分析结果用途、数据展现形式等。

（2）数据采集：在电子商务领域，数据采集也叫数据获取，平台程序中通常会预设相关的数据获取工具或代码，获取商品状态变化、资金状态变化、流量状态变化、用户行为和信息等数据信息，并将这些数据进行结构化处理，使其变得更加具备规律或一定的特征，这个过程即为数据采集，见表 1-3。

表 1-3　数据采集方式

数据采集渠道	数据大概范围
公开出版物	可用于收集数据的公开出版物包括《中国统计年鉴鉴》《中国社会统计年鉴》《中国人口统计年鉴》《世界经济年鉴》《世界发展报告》等统计年鉴或报告
企业内部数据库	每个公司都有自己的业务数据库，包含从公司成立以来产生相关业务数据。这个业务数据库就是一个庞大的数据源，需要有效地利用起来
互联网数据	国家及地方统计局网站、行业组织网站、政府机构网站、传播媒体网站、大型综合门户网站等
数据分析工具	淘宝指数、百度指数、微指数、魔镜等
市场调查	运用科学的方法，有目的、有系统地收集、记录、整理有关市场营销的信息和资料，分析市场情况，了解市场现状及其发展趋势，为市场预测和营销决策提供客观、正确的数据资料。市场调查可以弥补其他数据收集方式的不足，但进行市场调查所需的费用较高，而且会存在一定的误差，故仅作参考之用

（3）数据处理：将所收集的源数据通过加工整理，形成合适的数据分析形式。数据处理是数据分析的必要步骤，其前提是确保数据的一致性和有效性。整个数据处理过程包括数据清洗、数据转化、数据截取、数据合并、数据计算等多个环节。

（4）数据分析：借助适当的统计分析方法及工具，围绕分析需求，对数据处理阶段的"干净"数据进行深度分析、挖掘价值、形成结论的过程。常用的数据分析工具包括 SPSS、SAS、Python、R 语言等。

（5）数据展现：将数据分析阶段输出的数据内部隐藏关系和规律可视化的过程。

（6）撰写报告：将分析结果、可行性建议以及其他有价值的信息简单明了地传递给决策者，帮助决策者做出正确的理解、判断和决策。

4. 商务数据分析师应具备的工作素养

（1）态度严谨。

严谨负责是数据分析师的必备素质之一，只有本着严谨负责的态度，才能保证数据的客观、准确。在企业里，数据分析师可以说是企业的医生，他们通过对企业运营数据的分析，为企业寻找症结及问题。一名合格的数据分析师，应具有严谨、负责态度，保持中立立场，客观评价企业发展过程中存在的问题，为决策层提供有效的参考依据；不应受其他因素影响而更改数据，隐瞒企业存在的问题，这样做对企业发展是非常不利的，甚至会造成严重的后果。

（2）思维清晰。

数据分析时所面对的商业问题均较为复杂，商务数据分析师要考虑错综复杂的成因，分析所面对的各种复杂的环境因素，并在若干发展可能性中选择一个最优的方向。这就需要我们对事实有足够的了解，同时也需要我们能真正理清问题的整体以及局部的结构，在深度思考后，理清结构中相互的逻辑关系，只有这样才能真正客观地、科学地找到商业问题的答案。

（3）勇于创新。

通过模仿可以借鉴他人的成功经验，但模仿的时间不宜太长，并且建议每次模仿后都要进行总结，提出可以改进的地方，甚至要有所创新。创新是一个优秀数据分析师应具备的精神，只有不断的创新，才能提高自己的分析水平，使自己站在更高的角度来分析问题，为整个研究领域乃至社会带来更多的价值。现在的分析方法和研究课题千变万化，墨守成规是无法很好地解决所面临的新问题的。

（4）充满好奇。

商务数据分析师要积极主动地发现和挖掘隐藏在数据内部的真相，充满着无数个"为什么"，为什么是这样的结果，为什么不是那样的结果，导致这个结果的原因是什么，为什么结果不是预期的那样等等。这一系列问题都要在进行数据分析时提出来，并且通过数据分析，给自己一个满意的答案。只有拥有了这样一种刨根问底的精神，才会对数据和结论保持敏感，继而顺藤摸瓜，找出数据背后的真相。

（5）模仿学习。

在做数据分析时，有自己的想法固然重要，但是"前车之鉴"也是非常有必要学习的，它能帮助数据分析师迅速地成长，因此，模仿是快速提高学习成果的有效方法。成功的模仿需要领会他人方法精髓，理解其分析原理，透过表面达到实质。万变不离其宗，要善于将这些精华转化为自己的知识。

数据分析师的必备五大素质

一、任务要求

请按照要求完成学习数据分析认知选择习题。要求灵活运用数据分析相关概念，注意细节掌握。

二、任务内容

1. 下列哪一项不是数据分析环节（　　　）。

   A. 数据采集　　　　B. 数据分析　　　　C. 数据展示　　　　D. 数据管理

2. 与大数据分析密切相关的技术是（　　　）。

   A. 蓝牙　　　　　　B. 云计算　　　　　C. 博弈论　　　　　D. Wi-Fi

3. 大数据分析的 4V 特点：Volume、Velocity、Variety、Veracity，其含义分别是（　　　）、（　　　）、（　　　）、（　　　）。

   A. 价值密度低　　　　　　　　　　　B. 处理速度快

   C. 数据类型繁多　　　　　　　　　　D. 数据体量巨大

4. 电子商务的模式包括（　　　）。

   A. B2B　　　　　　B. B2C　　　　　　C. C2C　　　　　　D. 以上都是

5. 数据处理是数据分析的必要步骤，其前提是确保数据的（　　　）和（　　　）。

   A. 一致性　　　　　B. 完整性　　　　　C. 有效性　　　　　D. 预测性

6. 2012 年 12 月 28 日，第十一届全国人民代表大会常务委员会第三十次会议过（　　　）。

   A.《互联网行业的自律公约》　　　　B.《治安管理处罚条例》

   C.《关于加强网络信息保护的决定》　　D.《信息安全保护条例》

7. 在互联网领域里，非结构化数据的占比已经超过整个数据量的（　　　）。

   A. 60%　　　　　　B. 70%　　　　　　C. 80%　　　　　　D. 90%

8. 非结构化数据不包括（　　　）。

   A. 图像　　　　　　B. 音频　　　　　　C. 视频　　　　　　D. 二维图表

9. 根据不同的业务需求来建立数据模型，抽取最有意义的向量，决定选取哪种方法的数据分析角色人员是（　　　）。

   A. 数据管理人员　　B. 数据分析员　　　C. 研究科学家　　　D. 软件开发工程师

10. 大数据时代，数据使用的关键是（　　　）。

   A. 数据收集　　　　B. 数据存储　　　　C. 数据分析　　　　D. 数据再利用

任务三 课后提升

一、课后总结

（1）数据分析是用适当的统计分析方法对收集来的大量数据进行分析，将它们加以汇总和理解消化，以求最大化地开发数据功能，发挥数据的作用。

（2）数据分析过程包括六个阶段：

明确分析目的—采集数据—数据处理—数据分析—数据展现—撰写报告。

二、学习提升

1. 学习两会大数据

两会是对自 1959 年以来历年召开的中华人民共和国全国人民代表大会和中国人民政治协商会议的统称。

学习百度发布资料——《2022 年全国两会大数据》，盘点个体与行业所关心的两会话题，洞察社会对两会的期待与思考——当我们关注两会的时候，到底在关心什么？想一想要完成百度搜索大数据报告需要进行哪些工作流程？

2022 年全国两会大数据

_____

_____

_____

_____

_____

_____

2. 职业能力素养培养

人民创造历史，劳动开创未来。中国共产党第二十次全国代表大会报告中指出，深入实施人才强国战略，坚持尊重劳动、尊重知识、尊重人才、尊重创造，完善人才战略布局，加快建设世界重要人才中心和创新高地，着力形成人才国际竞争的比较优势，把各方面优秀人才集聚到党和人民事业中来。

扫描二维码观看微视频《万平和他的"绿洲"》，体会劳动最光荣、劳动最崇高、劳动最伟大、劳动最美丽，思考自己如何在平凡的岗位上通过劳动发光发热。

《万平和他的"绿洲"》

_____

_____

_____

_____

_____

_____

三、任务评价反馈

_____

_____

_____

_____

_____

_____

四、学习笔记

任务一　项目准备

一、案例引入

某网店是一家天猫旗舰店，主营产品是儿童玩具。该店铺在 2019 年 8—9 月中，店铺 DSR 综合评分、商品整体评价、物流服务以及服务态度评分出现了整体下降，具体统计结果如图 2-1 所示。

	A	B	C
1	**天猫旗舰店8-9月份店铺评分情况统计		
2	统计指标	原评分	现评分
3	店铺DSR综合评分	4.85	4.72
4	商品整体评价	4.84	4.71
5	物流服务评分	4.85	4.8
6	服务态度评分	4.85	4.65

图 2-1　某某猫旗舰店 8—9 月份店铺评分情况统计

根据以上情况，该公司电商运营总监对负责该店铺的店长提出要求，制定针对 DSR 评分下降情况撰写数据采集与处理的方案，店长接到指示后，立即举行会议，对该情况进行讨论和分析，结果如下。

客服部反馈：近日售出商品中，售后问题较多，主要集中在物流破损问题、商品质量问题、缺件少件问题。

产品部反馈：A 款商品作为店铺热销款，但一直定位在引流款上，毛利太低，公司今年年初对该商品进行二次升级研发，增加若干功能，在外观上进行调整，8 月份产品上线售卖，在售价和毛利上都有所提高，但增加功能所需部件为外部订购，非公司机型生产，在质量上有一定缺陷。

物流部反馈：因公司 8 月份之前合作物流公司在费用上较高，公司更换服务商后，费用下降 10%，但物流时效无法保证。

【案例思考】

（1）该网店为什么要进行店铺评价分析？

（2）根据客服部门、产品部门以及物流部门所反映的问题，思考本次数据分析要达到的目标是什么？

（3）数据分析目标制定的步骤有哪些？

二、学习目标

（1）掌握数据分析常用的统计基础理论。

（2）掌握常用的数据分析方法论与方法。

（3）了解常用的各种数据分析工具。

三、知识链接

1. 扫描二维码学习微课视频，了解结构化思维方式。

结构化思维方式

2. 扫描二维码查看数据分析方法论与数据分析法的区别。

数据分析方法论与数据分析法的区别

3. 扫描二维码链接学习《中华人民共和国数据安全法》。

《中华人民共和国数据安全法》自 2021 年 9 月 1 日起施行，聚焦数据安全领域的突出问题，确立了数据分类分级管理，建立了数据安全风险评估、监测预警、应急处置，数据安全审查等基本制度，并明确了相关主体的数据安全保护义务，这是我国首部数据安全领域的基础性立法。

《中华人民共和国数据安全法》

四、学习内容

1. 数据分析统计基础

（1）平均数。

平均数是用于反映现象总体的一般水平，或分布的集中趋势。数值平均数是总体标志总量对比总体单位数而计算的。

算术平均数：在一组数据中所有数据之和再除以数据的个数。它是反映数据集中趋势的一项指标。

$$\overline{x} = \frac{x_1 + x_2 + \cdots + x_n}{n}$$

几何平均数：N 个观察值连乘积的 n 次方根就是几何平均数。

$$\overline{x_G} = \sqrt[n]{x_1 x_2 \cdots x_n}$$

几何平均数适用于计算平均合格率、平均本利率、平均发展速度、平均增长速度等。

调和平均数是指数据个数除以数据变量的倒数和。

$$\overline{X} = \frac{N}{\dfrac{1}{a_1} + \dfrac{2}{a_2} + \cdots + \dfrac{n}{a_n}}$$

加权平均数：指不同比重数据的平均数。

$$\overline{x} = \frac{x_1 f_1 + x_1 f_1 + \cdots + x_n f_n}{n}$$

$$f_1 + f_2 + \cdots + f_n = n$$

【例 2-1】 4 名学生在一个小时内解题数分别为 3，4，6，8 道，问平均解题速度是多少道？

解析：

算术平均数：$(3+4+6+8)/4 = 5.25$

几何平均数：$\sqrt[4]{3 \times 4 \times 6 \times 8} = 4.89$

调和平均数：$4/(1/3 + 1/4 + 1/6 + 1/8) = 4.57$

【例 2-2】 A 和 B 两个人在同一家公司上班。A 三个月的收入分别是 8000，8000，8000；B 三个月分别是 6000，8000，10000。试比较 A 和 B 的收入情况。

解析：

算术平均值　A $= (8000+8000+8000)/3 = 8000$

　　　　　　B $= (6000+8000+10\,000)/3 = 8000$

几何平均值　A $= \sqrt[3]{8000 \times 8000 \times 8000} = 8000$

　　　　　　B $= \sqrt[3]{6000 \times 8000 \times 10000} = 7830$

几何平均值越大，数据相对稳定，就是说 A 的收入比 B 的稳定。

（2）中位数。

中位数是处于数列中点位置的那个标志值，即将总体各单位标志值按照大小顺序排列，位于中间位置的标志值。

未分组数列的中位数：根据未分组数据计算中位数时，要先对数据进行排序，然后确定中位数的位置，中点位置对应的标志值即为中位数。

若将数据从小到大排列，如下，位次居中的标准值就是中位数。

$$x(1), \ x(2), \ \cdots, \ x(n)$$

当数列中数据个数 n 为奇数时，$(n+1)/2$ 位置的标准值，即 $x[(n+1)/2]$ 为中位数

当数列中数据个数 n 为偶数时，$n/2$ 和 $(n/2)+1$ 位置的两个标准值之和的 $1/2$ 为中位数。

【例 2-3】 调查得某商店一周售出的矿泉水瓶数分别为 147，149，150，151，153，156，157，求其中位数。

解析：

中位数为 151。

【例 2-4】 调查得某商店八天售出的矿泉水瓶数分别为 147，156，150，151，153，156，156，157，求其中位数。

解析：

中位数为 154.5。

（3）众数。

众数是总体中出现次数最多的那个标志值，或频率最高的那个标志值，也就是总体中最常见，带有普遍意义的标志值。

众数的特点：

众数是具有明显集中趋势的数值。

众数不受极端值和开口组数列的影响。

众数是一个不容易确定的平均指标。当变量数列没有明显的集中趋势而趋均匀分布时，无众数可言；当变量数列是不等距分组时，众数的位置也不好确定。

众数反映了一组数据的集中趋势。众数出现的次数越多，就越能代表这组数据的整体状况，且能比较直观地反映一组数据的大致情况。但是，当一组数据大小不同，差异又很大时，就很难判断众数的准确值。此外，当一组数据的众数出现的次数不具明显优势时，用它来反映组数据的典型水平是不大可靠的。

【例 2-5】 调查得某商店一周售出的矿泉水瓶数为 147，149，150，151，153，156，157，求其众数。

解析：

无众数。

【例 2-6】 调查得某商店一周售出的矿泉水瓶数为 147，156，150，151，153，156，157，求其众数。

解析：

众数为 156。

（4）绝对数与相对数。

绝对数是反映客观现象总体在一定时间、地点条件下的总规模、总水平的综合指标，如GDP（国内生产总值）、公司总人数。

相对数是用以反映客观现象之间数量联系程度的综合指标，两个有联系的指标对比计算得到的数值。如人口性别比例、产品合格率。

$$相对数 = 比较数值(比数)/基础数值(基数)$$

相对数一般以倍数、百分比等表示。

（5）同比分析与环比分析。

同比分析（year on year）是指本期水平与上年同期水平对比分析，适合具备长期观察数据的场景。

$$同比增长率 = (本期数 - 同期数)/同期数 \times 100\%$$

环比分析（month on month）是指连续 2 个单位周期（比如连续两月）内的量的变化比，适合短期内具备连续性数据的业务场景。

$$环比增长率 = (本期数 - 上期数)/上期数 \times 100\%$$

【例 2-7】 2021 年 8 月，某地区外贸进出口总值 1917 亿元，环比下降 4%，同比下降 6%，求环比下降了多少?同比下降了多少?

解析：

环比下降：$1917 \div (1 - 4\%) - 1917 = 80$

同比下降：$1917 \div (1 - 6\%) - 1917 = 122$

（6）方差和标准差。

方差是衡量随机变量或一组数据时离散程度的度量。概率论中方差用来度量随机变量和其数学期望（即均值）之间的偏离程度。统计中的方差（样本方差）是每个样本值与全体样本值的平均数之差的平方值的平均数。在许多实际问题中，研究方差即偏离程度有着重要意义。方差是衡量源数据和期望值相差的度量值。

标准差又常称均方差，是离均差平方的算术平均数的平方根，用 σ 表示。标准差是方差的算术平方根。标准差能反映一个数据集的离散程度。平均数相同的两组数据，标准差未必相同。

2. 数据分析方法论

（1）对比分析法。

对比分析法也称为比较分析法，是把客观事物加以比较，以达到认识事物的本质和规律并做出正确的评价。对比分析法通常是把两个相互联系的指标数据进行比较，从数量上展示和说明研究对象规模有大小、水平和高低、速度的快慢，以及各种关系是否协调。

对比分析可以选择不同的维度进行分析，常用的有时间维度、空间维度、计划目标标准维度、经验与理论标准维度。

（2）分组分析法。

分组分析法是根据数据分析对象的特征，按照一定的指标，把数据分析对象划分为不同的部分和类型来进行研究，以揭示其内在的联系和规律性。

分组是为了便于对比，因此分组法要和对比法结合运用。

分组分析法的关键在于确定组数与组距。

组距分组的步骤：

- 确定组数，根据数据的本身特点来确定，组数不能太多也不能太少；
- 确定各组的组距。组距 = (最大值 − 最小值)/组数；
- 根据组距的大小，对数据进行分组整理，划归至相应组内。

（3）结构分析法。

结构分析法是指分析总体内的各部分与总体之间进行对比的分析方法，即总体内各部分占总体的比例，属于相对指标。一般某部分的比例越大，说明其重要程度越高，对总体的影响越大。

结构相对指标（比例）的计算公式：

$$结构相对指标(比例) = (总体某部分的数值/总体总量) \times 100\%$$
$$市场占有率 = (某种商品销售量/该种商品市场销售总量) \times 100\%$$

（4）平均分析法。

平均分析法就是运用计算平均数的方法来反映总体在一定时间、地点条件下某一数量特征的一般水平。平均指标可用于同一现象的不同地区、不同部门或单位间的对比，还可用于同一现象在不同时间的对比。

算术平均数是非常重要的基础性指标。平均数是综合指标，它的特点是将总体内各单位的数量差异抽象化，它只能代表总体的一般水平，掩盖了在平均数后各单位的差异。

（5）分层分析法。

分层分析法即围绕分析目标、设计出科学的分层方案。如"二八法则"就是应用广泛的分层方法。

常用的分层方法有 RFM（Recency：消费时间；Frequency：消费频次；Monetary：消费价值）、COHORT（群组分析）、ABC 分层等。

RFM：电商常用的分层方法，是通过最近消费时间、消费频次和消费价值来确定用户价值分层，核心是找出不同忠诚度和价值的用户群，从而进行分层分析和运营。

COHORT：留存分析的常用方法，通过对比同一时期、渠道的新用户，在后续留存、目标转化情况，找到产品或渠道的优化迭代方向。

ABC 分层：常用于供应链的库存管理，即通过销售重要度、销售稳定性和库转维度，对在库商品进行分层，分析不同层级的核心问题、给出解决方案，将极大提高库存精细化管理的效率效能。

（6）矩阵关联分析法。

根据事物（如产品、服务等）的两个重要属性（指标）作为分析的依据，进行分类关联分析，找出解决问题的一种分析方法，也成为矩阵关联分析方法。图 2-2 为矩阵关联分析法象限图。

- 第一象限（高度关注区）：属于重要性高、满意度也高的象限。
- 第二象限（优先改进区）：属于重要性高、但满意度低的象限。
- 第三象限（无关紧要区）：属于重要性低、满意度也低的象限。
- 第四象限（维持优势区）：属于重要性低、但满意度高的象限。

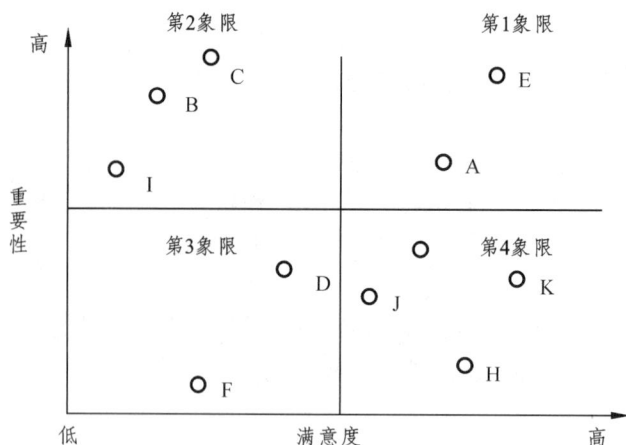

图 2-2　矩阵关联分析法象限图

3. 常用的数据分析工具

数据分析是指通过分析手段对预处理后的数据，运用传统统计方法及机器学习等工具进行详细研究和概括总结，从而提取有用的信息并形成结论的过程。数据分析是商务数据分析流程中最重要的工作，通过分析手段、方法和技巧对准备好的数据进行探索、分析，从中发现因果关系、内部联系和业务规律，帮助人们发现问题或做出决策，为下一步行动做出决策依据。

该环节涉及工具和方法的使用。数据分析人员要能驾驭数据、开展数据分析，要熟悉常规的数据分析方法，如对比分析、相关分析、分类分析、回归分析、因子分析、时间序列等数据分析方法的原理、使用范围、优缺点和结果的解读等；二是要熟悉数据分析工具的使用，如 Excel，SPSS，Python，R 语言等，便于进行一些专业的统计分析、数据建模等。

（1）Excel。

虽然 Excel 功能比较强大，在各行各业、各类人员中都会使用到，但是我们日常使用到的只是一些基本功能，其他一些功能还需要进行深入研究。在数据分析流程中，Excel 有 6个功能是其中经常使用的，能帮助专业数据分析人员进行数据处理、数据统计及辅助决策等工作。

功能一：自动汇总。

把收集来的数据，导入到 Excel 表格中，对于相同类型数据，能够简单灵活地进行汇总，并能清晰展现出来。

功能二：统计分析。

是 Excel 中比较独特的功能，在数据透视功能选项卡中，能够快速进行数据检验，找到异常数据，一键搞定。

功能三：高级数学计算。

在 Excel 中，工具栏函数公式的使用是非常普遍的，除了一些常用的加减乘除和求和运算，还有一些高级函数，如 if 判断、beta 兼容性函数等的使用，能解决很多的数据处理问题，常常用一两个函数就能轻松搞定。

功能四：数据透视功能。

数据透视功能是非常常见的，尤其是在报表套用的时候，经常使用，我们往往通过一种报表，能获得很多种衍生报表，使用方便快捷。

功能五：图表功能。

图表功能是 Excel 独有的，利用此功能，能够进行图表的创建和制作，并且还能进行格式等变化，不同的数据可以采用散点图、柱状图等等，能更直观反映数据变化，尤其是在数据分析结果汇报的时候，十分实用。

功能六：高级筛选。

所谓高级筛选，就是高级查询功能，即使设置了一系列复杂的条件，也是能简单操作并查找到相应的数据。

（2）SPSS。

SPSS（Statistical Product Service Solutions，统计产品与服务解决方案）世界上最早采用图形菜单驱动界面的统计软件，它最突出的特点就是操作界面极为友好，输出结果美观漂亮。它将几乎所有的功能都以统一、规范的界面展现出来，使用 Windows 的窗口方式展示各种管理和分析数据方法的功能，对话框展示出各种功能选择项。用户只要掌握一定的 Windows 操作技能，精通统计分析原理，就可以使用该软件为特定的科研工作服务。SPSS 采用类似 Excel 表格的方式输入与管理数据，数据接口较为通用，能方便地从其他数据库中读入数据。其统计过程包括了常用的、较为成熟的统计过程，完全可以满足非统计专业人士的工作需要。输出结果十分美观，存储时则是专用的 SPO 格式，可以转存为 HTML 格式和文本格式。对于熟悉老版本编程运行方式的用户，SPSS 还特别设计了语法生成窗口，用户只需在菜单中选好各个选项，然后按"粘贴"按钮就可以自动生成标准的 SPSS 程序。极大地方便了中、高级用户。

SPSS for Windows 的分析结果清晰、直观、易学易用，而且可以直接读取 EXCEL 及 DBF 数据文件，现已推广到各种操作系统的计算机上，它和 SAS、BMDP 并称为国际上最有影响的三大统计软件。SPSS 的操作界面如图 2-3 所示。

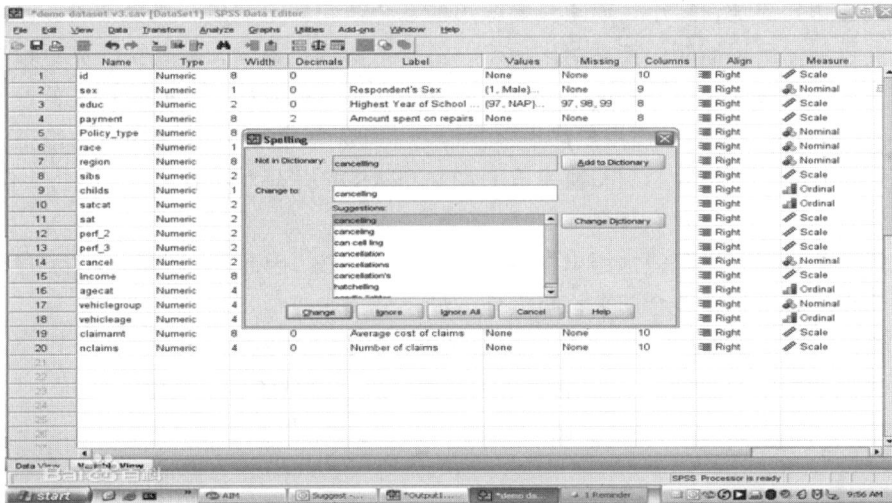

图 2-3　SPSS 的操作界面

SPSS 的特点：

● SPSS 采用类似 Excel 表格的方式输入与管理数据，数据接口较为通用，能方便地从其他数据库中读入数据。

● SPSS 的基本功能包括数据管理、统计分析、图表分析、输出管理等等。

● SPSS 统计分析过程包括描述性统计、均值比较、一般线性模型、相关分析、回归分析、对数线性模型、聚类分析、数据简化、生存分析、时间序列分析、多重响应等几大类。

（3）SAS。

SAS（Statistical Analysis System，统计分析系统）是一个模块化、集成化的大型应用软件系统。

它由数十个专用模块构成，功能包括数据访问、数据储存及管理、应用开发、图形处理、数据分析、报告编制、运筹学方法、计量经济学与预测，等等。

SAS 系统基本上可以分为四大部分：SAS 数据库部分；SAS 分析核心；SAS 开发呈现工具；SAS 对分布处理模式的支持及其数据仓库设计。

SAS 系统主要完成以数据为中心的四大任务：数据访问；数据管理（SAS 的数据管理功能并不很出色，而是数据分析能力强大，所以常常用微软的产品管理数据，再导成 SAS 数据格式，要注意与其他软件的配套使用）；数据呈现；数据分析。

SAS 的特点：

● 功能强大，统计方法齐、全、新。

SAS 提供了从基本统计数的计算到各种试验设计的方差分析，相关回归分析以及多变数分析的多种统计分析过程，几乎囊括了所有最新分析方法，其分析技术先进、可靠。分析方法的实现通过过程调用完成。许多过程同时提供了多种算法和选项。例如方差分析中的多重比较，提供了包括 LSD、DUNCAN、TUKEY 测验在内的 10 余种方法；回归分析提供了 9 种自变量选择的方法（如 STEPWISE、BACKWARD、FORWARD、RSQUARE 等）。

● 使用简便，操作灵活。

SAS 以一个通用的数据（DATA）步产生数据集，尔后以不同的过程调用完成各种数据分析。其编程语句简洁，短小，通常只需很小的几个语句即可完成一些复杂的运算，得到满意的结果。结果输出以简明的英文给出提示，统计术语规范易懂，具有初步英语和统计基础即可。使用者只要告诉 SAS "做什么"，而不必告诉其 "怎么做"。同时 SAS 的设计，使得任何 SAS 能够 "猜" 出的东西用户都不必告诉它（即无需设定），并且能自动修正一些小的错误（例如将 DATA 语句的 DATA 拼写成 DATE，SAS 将假设为 DATA 继续运行，仅在 LOG 中给出注释说明）。

对运行时的错误它尽可能地给出错误原因及改正方法。因而 SAS 将统计的科学，严谨和准确与便于使用者有机地结合起来，极大地方便了使用者。

● 提供联机帮助功能。

使用过程中按下功能键 F1，可随时获得帮助信息，得到简明的操作指导。

项目练习

一、任务要求

请按照要求完成学习数据分析认知习题。要求灵活运用数据分析相关概念，注意细节掌握。

二、任务内容

（一）单选题

1. 小明家要买台电脑，下面是甲、乙、丙三种电脑近几个月来的销量，如果小明想买一台近期比较受市场欢迎的电脑，他应买（　　）。

月份	甲	乙	丙
5 月	600	590	650
6 月	610	650	670
7 月	590	700	660

    A. 甲　　　　　　B. 乙　　　　　　C. 丙

2. 小靖想买双漂亮的运动鞋，于是她上网查找有关资料，得到下表：

	颜色	价格（元）	备注
甲	红、白、蓝灰	450	不宜在雨天穿
乙	淡黄、浅绿、白、黑	700	有很好防水性
丙	灰、白、蓝	350	较为防水
丁	白、红白、浅绿、淡黄相间	500	防水性很好

她想买一双价格在 300 ~ 600 元，且她喜欢白色、红白相间、浅绿或淡黄色，并且防水性能很好，那么她应选（　　）。

    A. 甲　　　　　B. 乙　　　　　C. 丙　　　　　D. 丁

3. 为了计算植树节时本班同学所种植的 30 棵树苗的平均高度，三位同学先将所有树苗的高度按由小到大的顺序排列，得到下表：

树苗高度（cm）	80	85	90	95	100	105
树苗数	3	5	8	6	6	2

然后，他们分别这样计算这30棵树苗的平均高度：

（1）(80+85+90+95+100+105)/30

（2）[80×3+85×5+90×8+(95+100)×6+105×2]/30

（3）(80×3+85×5+90×8+95×6+100×6+105×2)/30

列式正确的是（　　　）。

  A.（1）   B.（1）和（2） C.（1）和（3） D.（2）和（3）

4. 某班在一次物理测试中的成绩为:100分7人，90分14人，80分17人，70分8人，60分2人，50分2人，则该班此次测试的平均成绩为（　　　）。

  A. 82分   B. 62分   C. 64分   D. 75分

5. 大数据的最显著特征是（　　　）。

  A. 数据规模大   B. 数据类型多样

  C. 数据处理速度快   D. 数据价值密度高

6. 下列关于大数据的分析理念的说法中，错误的是（　　　）。

  A. 在数据基础上倾向于全体数据而不是抽样数据

  B. 在分析方法上更注重相关分析而不是因果分析

  C. 在分析效果上更追究效率而不是绝对精确

  D. 在数据规模上强调相对数据而不是绝对数据

7. 数据仓库的最终目的是（　　　）。

  A. 收集业务需求   B. 建立数据仓库逻辑模型

  C. 开发数据仓库的应用分析 D. 为用户和业务部门提供决策支持

8. 考虑两队之间的足球比赛：队0和队1。假设65%的比赛队0胜出，剩余的比赛队1获胜。队0获胜的比赛中只有30%是在队1的主场，而队1取胜的比赛中75%是主场获胜。如果下一场比赛在队1的主场进行，队1获胜的概率为（　　　）。

  A. 0.75   B. 0.35   C. 0.4678   D. 0.5738

（二）判断题

1. 对于大数据而言，最基本、最重要的要求就是减少错误、保证质量。因此，大数据收集的信息量要尽量精确。（　　　）

2. 具备很强的报告撰写能力，可以把分析结果通过文字、图表、可视化等多种方式清晰地展现出来，能够清楚地论述分析结果及可能产生的影响，从而说服决策者信服并采纳其建议，是数据分析能力对大数据人才的基本要求。（　　　）

3. 决策树是一种基于树形结构的预测模型，每一个树形分叉代表一个分类条件，叶子节点代表最终的分类结果，其优点在于易于实现，决策时间短，并且适合处理非数值型数据。（　　　）

4. 简单随机抽样，是从总体 N 个对象中任意抽取 n 个对象作为样本，最终以这些样本作为调查对象。在抽取样本时，总体中每个对象被抽中为调查样本的概率可能会有差异。（　　　）

一、学习总结

（1）与数据分析相关的统计基础：平均数、绝对数与相对数、同比分析与环比分析

（2）数据分析方法中重点讲解了对比分析法、分组分析法、结构分析法、矩阵关联分析

（3）常用的统计分析工具包括 EXCEL、SPSS、SAS。

二、学习提升

1. 走进 1+X 电子商务数据分析职业技能考试

（1）电子商务数据分析职业技能等级分为三个等级：初级、中级、高级。三个级别逐次递进，高级别涵盖低级别职业技能要求（见表 2-1）。

表 2-1　电子商务数据分析职业技能等级

级别	工作领域	工作任务
初级	1. 基础数据采集	市场数据采集、运营数据采集、产品数据采集
	2. 数据处理与描述性分析	数据分类与处理、数据描述性分析
	3. 基础数据监控与报表制作	基础数据监控、基础数据报表制作、基础数据图表制作
中级	1. 数据采集与处理的方案制定	数据分析目标制定、数据分析指标制定、数据采集渠道及工具选择、数据采集与处理的方案撰写
	2. 数据分析	市场数据分析、运营数据分析、产品数据分析
	3. 数据监控与报告撰写	数据监控、数据分析报告撰写
高级	1. 数据化运营方案制定与组织实施	数据分析指标体系制定、数据化运营方案制定、数据化运营方案实施
	2. 数据综合分析	业务数据综合分析、数据综合分析报告撰写
	3. 数据化运营创新	运营综合提升、数据化运营模式创新

（2）扫描二维码查看电子商务数据分析职业技能等级证书（初级、中级）考核方案。

电子商务数据分析职业技能等级证书（初级、中级）考核方案

2．职业能力素养培养

党的二十大报告指出，江山就是人民，人民就是江山。中国共产党领导人民打江山、守江山，守的是人民的心。治国有常，利民为本。为民造福是立党为公、执政为民的本质要求。必须坚持在发展中保障和改善民生，鼓励共同奋斗创造美好生活，不断实现人民对美好生活的向往。

为中国人民谋幸福、为中华民族谋复兴是中国共产党的初心使命，扫描二维码观看微视频《高原税务人的一天》，思考在平凡的工作岗位上应如何发光发热。

《高原税务人的一天》

_____

_____

_____

_____

_____

三、任务评价反馈

_____

_____

_____

四、学习笔记

项目三
电子商务数据采集

任务一　项目准备

一、案例引入

小张经营着一家淘宝店铺，主要销售自己家乡的特产，包括木耳、黄花菜、香菇等特色农产品。2019 年 9 月，小张家种的花椒"大红袍"产量大增，他准备将花椒作为新品，在网店上架，并将其打造为当季引流产品。

为此，小张首先通过百度指数进行了查询，发现最近一个月以来，花椒的搜索指数一直维持在中等偏上的水平，并有逐渐上升的态势（见图 3-1），可以安排即时上架。

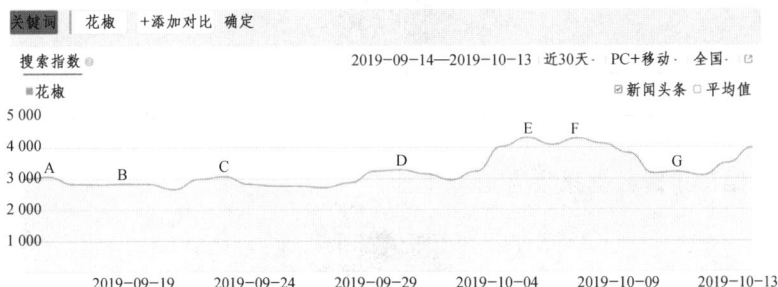

图 3-1　花椒搜索指数

并且，小张还注意到，花椒的受众人群以 20～29 岁为主，如图 3-2 所示，可以针对这部分人群进行重点推广。

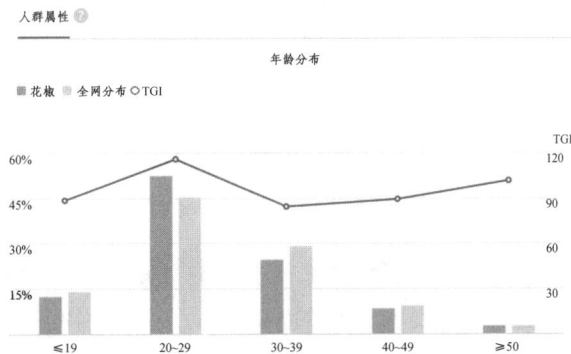

图 3-2　花椒搜索指数

031

通过采集的以上数据，小张对计划上新的花椒有了初步的判断。

【案例思考】

通过查看案例，思考并回答以下问题：

数据采集与分析的渠道与工具除上述提到的"百度指数"外，还有哪些？

二、学习目标

（1）了解商务数据的来源。

（2）了解商务数据采集的渠道和工具。

（3）掌握商务数据的采集流程。

（4）了解市场行情分析。

（5）掌握行业数据的挖掘。

三、知识链接

（1）扫描二维码学习微课视频：认识数据采集。

认识数据采集

（2）扫描二维码了解数据采集方法。

数据采集方法

（3）扫描二维码学习《中华人民共和国电子商务法》。

《中华人民共和国电子商务法》

《中华人民共和国电子商务法》自 2019 年 1 月 1 日起施行，是政府调整、企业和个人以数据电文为交易手段，通过信息网络所产生的，因交易形式所引起的各种商事交易关系，以及与这种商事交易关系密切相关的社会关系、政府管理关系的法律规范的总称。

四、学习内容

1. 数据采集的定义

在电子商务领域，所谓数据采集也叫数据获取，平台程序中通常会预设相关的数据获取工具或代码，获取商品状态变化、资金状态变化、流量状态变化、用户行为和信息等数据信息，并将这些数据进行结构化处理，使其变得更加具备规律或一定的特征，这个过程即为数据采集。

2. 数据来源

进行电子商务数据分析与采集时常用的数据来源渠道有电子商务网站、店铺后台或平台提供的数据工具、政府部门、机构协会、媒体、权威网站数据机构、电子商务平台、指数工具等。

（1）一手数据。

观察法是指调查人员亲自到现场对调查对象进行观察，在被调查者不察觉的情况下获得数据资料的一种调查方法。

采访法是通过指派调查人员对被调查者提问，据被调查者的答复取得资料的一种调查方法。

问卷调查法是把调查项目列于表格上形成问卷，通过发放问卷搜集调查对象情况的一种采集资料的方法。问卷中问题的设计应注意以下原则。

① 具体性原则，即问题的内容要具体，不要提抽象、笼统的问题。

② 单一性原则，即问题的内容要单一，不要把两个或两个以上的问题合在一起提。

③ 通俗性原则，即表述问题的语言要通俗，不要使用使被调查者感到陌生的语言，特别要避免使用过于专业的术语。

④ 准确性原则，即表述问题的语言要准确，不要使用模棱两可、含混不清或容易产生歧义的语言或概念。

⑤ 简明性原则，即表述问题的语言应该尽可能简单明确，不要冗长和啰唆。

⑥ 客观性原则，即表述问题的语言要客观，不要有诱导性或倾向性语言。

⑦ 非否定性原则，即要避免使用否定句形式表述问题。

⑧ 可能性原则，即必须符合被调查者回答问题的能力。凡是超越被调查者理解能力、记忆能力、计算能力、回答能力的问题，都不应该提出。

⑨ 自愿性原则，即必须考虑被调查者是否自愿真实回答问题。凡被调查者不可能自愿真实回答的问题，都不应该正面提出。

抽样调查法是根据随机性原则，从研究对象的总体中抽取一部分个体作为样本进行调查研究，据此推断有关总体的数字特征的研究方法。抽样应遵循以下原则。

① 随机取样。

② 取样应具有代表性。

③ 若样本由具有明显不同特征的部分组成，应按比例从各部分抽样。

实验法是在设定的特殊实验场所、特殊状态下，对调查对象进行实验以获得所需的资料。

报告法是通过报告单位根据一定的原始记录和台账，根据统计表的格式和要求，按照隶属关系，逐级向有关部门提供统计资料的一种调查方法。

（2）二手数据。

二手数据也称为次级数据，是指那些从同行或一些媒体上获得的、经过加工整理的数据，比如国家统计局定期发布的各种数据，从报纸、电视上获取的各种数据。Excel 表格可导入来自 Aceess 和网站的数据，如图 3-3、图 3-4 所示。

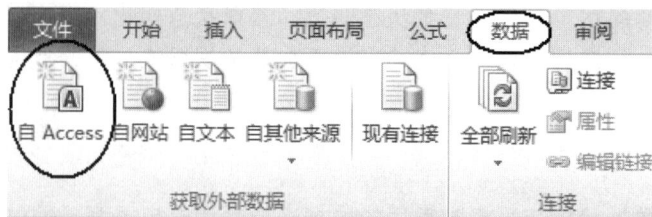

图 3-3　Access 数据的导入

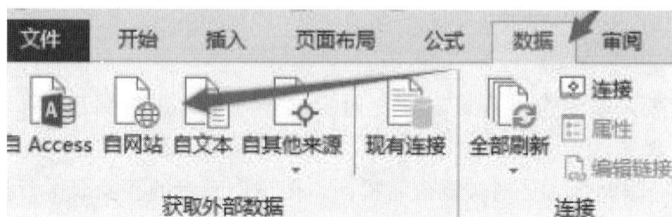

图 3-4　网站表格数据的导入

（3）利用爬虫软件下载网络数据。

万维网上更多的数据是以非表格形式呈现的。如何有效地提取并利用这些信息成为一个巨大的挑战。

为了解决上述问题，定向抓取相关网页资源的软件——聚焦网络爬虫应运而生。

聚焦网络爬虫是一种能自动下载万维网数据的程序，它能按照一定的规则，根据既定的目标，自动地抓取万维网上的数据。

3．数据采集常用工具

（1）平台数据采集工具。

生意参谋（淘宝/天猫）（见图 3-5）：淘宝网官方提供的综合性网店数据分析平台，不仅

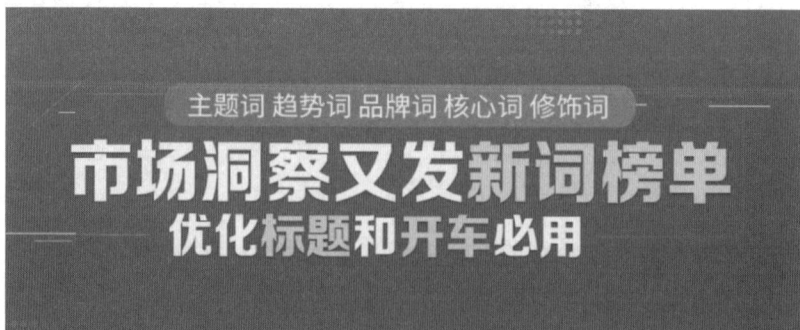

图 3-5　生意参谋工具

是店铺数据的重要来源渠道，同时也是淘宝/天猫平台卖家的重要数据采集工具，为天猫/淘宝卖家提供流量、商品、交易等网店经营全链路的数据展示、分析、解读、预测等功能。数据采集人员在生意参谋上不仅可以采集自己店铺的各项运营数据（流量、交易、服务、产品等数据），通过市场行情板块还能够获取到在淘宝/天猫平台的行业销售经营数据。

京东商智（京东）（见图3-6）：京东向第三方商家提供数据服务的产品。从 PC、APP、微信、手机 QQ、移动网页端五大渠道，店铺与行业的流量、销量、客户、商品等数据。

图 3-6   京东商智（京东）采集工具

数据易道（苏宁）（见图3-7）：为用户提供全渠道数据融合、行业信息洞察、全链路数据分析以及全媒体整合营销服务。其服务对象是与苏宁有实际业务往来的品牌工厂或品牌工厂授权在苏宁"品牌/品类/二级类目/渠道"维度下操作的唯一代理商及个人用户。

图 3-7   数据易道工具

（2）第三方专项数据采集工具。

多多情报通（见图3-8）：一家社交电商数据 SaaS 服务商，为企业、品牌或个人商家提供数据资源服务，覆盖拼多多、抖音、快手、跨境 Shopee 和微信小程序等主流电商平台，帮助运营决策服务。

店侦探（淘宝/天猫）（见图3-9）：一款专门为淘宝及天猫卖家提供数据采集、数据分析的数据工具。通过对各个店铺、宝贝运营数据进行采集分析，可以快速掌握竞争对手店铺销售数据、引流途径、广告投放、活动推广、买家购买行为等数据信息。

图 3-8　多多情报通工具

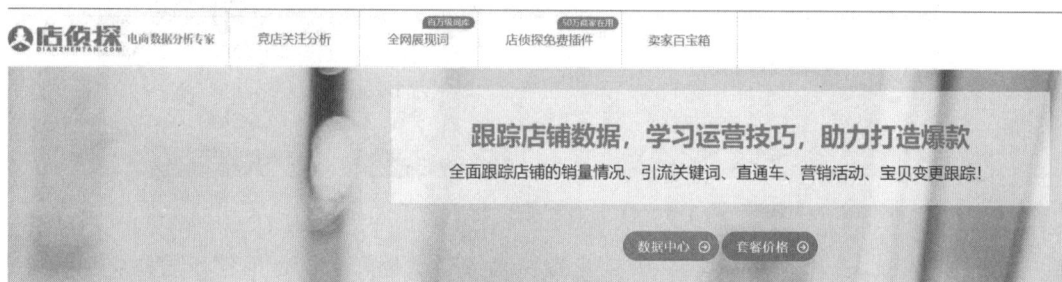

图 3-9　店侦探工具

升业绩（见图 3-10）：一款电商数据采集和分析工具，如淘宝关键词排名查询、活动投放来源、直通车排名查询、手机端和淘宝客数据、关键词点击率等。

图 3-10　升业绩采集工具

淘数据（淘宝、京东、wish、shopee 等）（见图 3-11）：专门为电子商务卖家提供数据查询、数据分析的平台，拥有全面的数据分析体系，主要为电商卖家提供：个性化数据定制服务，以及直通车选词、店铺诊断、宝贝排名等工具，是卖家运营决策重要的数据参谋。

图 3-11　淘数据采集器

（3）网页数据采集工具（爬虫）。

八爪鱼（见图 3-12）：一款通用网页数据采集器，使用简单，完全可视化操作；功能强大，任何网站均可采集，数据可导出为多种格式。可以用来采集商品的价格、销量、评价、描述等内容。

图 3-12　八爪鱼数据采集器

火车采集器（见图 3-13）：一个供各大主流文章系统、论坛系统等使用的多线程内容采集发布程序。数据的采集可分为两部分：一是采集数据；二是发布数据。借助火车采集器可以根据采集需求在目标数据源网站采集相应数据并整理成表格或 TXT 导出。

后羿采集器（见图 3-14）：一款桌面应用软件，支持三大操作系统：Linux、Windows 和 Mac，同时支持 Excel、CSV、TXT、HTML 多种导出格式，并且支持直接导出到数据库。

在进行数据采集工具选择时，并非适用范围越广泛、数据类型越真实、越丰富、功能越强大越好，核心选择要素是数据采集人员能够熟练操作，并能采集到所需的数据即可。

图 3-13　火车采集器

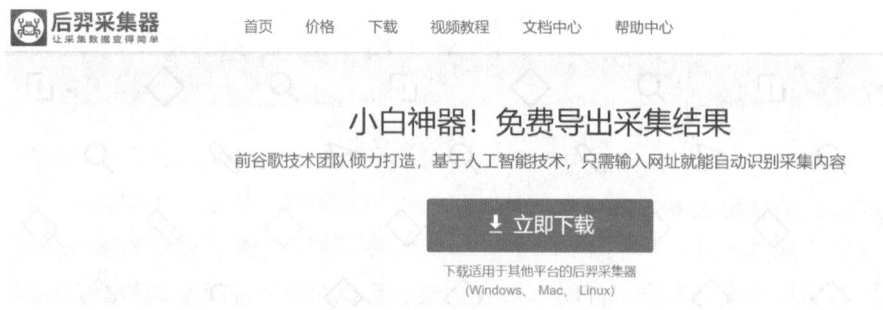

图 3-14　后裔采集器

4. 数据采集的渠道

进行电子商务数据分析与采集时常用的数据来源渠道有电子商务网站、店铺后台或平台提供的数据工具、政府部门、机构协会、媒体、权威网站数据机构、电子商务平台、指数工具等。

（1）内部数据渠道。

在电子商务项目运营过程中电子商务站点、店铺自身所产生的数据信息，如站点的访客数、浏览量、收藏量，商品的订单数量、订单信息、加购数量等数据，可通过电子商务站点、店铺后台或类似生意参谋、京东商智等数据工具获取。对于独立站点流量数据还可使用百度统计、友盟等工具进行统计采集。

生意参谋基础版可以采集到所属淘宝、天猫店铺的流量、销售、产品、运营相关数据；需要采集行业市场数据，则需要选择市场行情版。

京东商智采集京东等其他平台店铺数据。

（2）外部数据渠道。

政府部门、机构协会、媒体：政府部门、行业协会、新闻媒体、出版社等发布的统计数据、行业调查报告、新闻报道、出版物。

权威网站、数据机构：行业权威网站或数据机构发布的报告、白皮书等，常见的网站有易观数据、艾瑞咨询等。

5. 商务数据采集流程

（1）识别信息需求。

对于运营者来说，首先要明确关键绩效指标，然后选择一个核心关键指标来检测。

其次，要找到用户的关键购买行为，包括访问网站、浏览商品、注册账号、加入购物车、结算支付等，然后基于用户的关键购买行为进行指标分解，找到对应的指标，如访客流量、下单转化率、支付转化率、客单价，因此销售额就是由这四项具体的指标构成的。

（2）明确分析对象（见图3-15）。

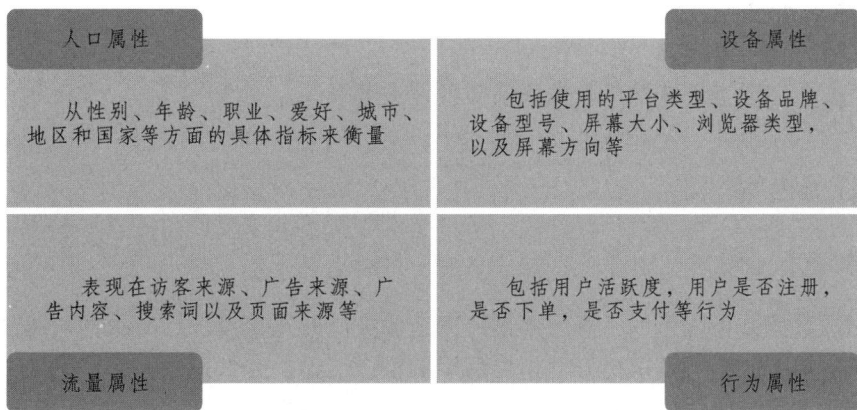

人口属性	设备属性
从性别、年龄、职业、爱好、城市、地区和国家等方面的具体指标来衡量	包括使用的平台类型、设备品牌、设备型号、屏幕大小、浏览器类型，以及屏幕方向等
表现在访客来源、广告来源、广告内容、搜索词以及页面来源等	包括用户活跃度，用户是否注册，是否下单，是否支付等行为
流量属性	行为属性

图 3-15　研究对象分析图

按需求采集数据。

① 根据市场的需求，可以将数据分为行业数据和竞争数据。

行业数据：企业在整个市场发展的相关数据，包括行业总销售额、行业增长率等行业发展数据，需求量变化、品牌偏好等市场需求数据，地域分布、职业等目标客户数据。

竞争数据：能够揭示企业在行业中竞争力情况的数据，包括竞争对手的销售额、客单价等交易数据，活动形式、活动周期等营销活动数据，畅销商品、商品评价等商品运营数据。

② 根据电商运营指导需求，可以将数据分为客户数据、推广数据、服务数据、供应数据。

客户数据:客户在购物过程中的行为所产生的数据，如浏览量、收藏量等数据，性别、年龄等客户画像。

推广数据：企业在运营过程中推广行为所产生的数据，如各推广渠道的展现、点击、转化等数据。

服务数据：企业在销售过程中产生的数据，如销售额、订单量等交易数据，响应时长、询单转化率等服务数据。

供应数据：产品在采购、物流、库存过程中产生的数据，如采购数量、采购单价等采购数据，物流时效、库存周转率、残次库存比等仓储数据。

③ 根据电商产品的特点，可以分为行业产品数据和企业产品数据。

行业产品数据：产品在整个市场的数据，如行业产品搜索指数、行业产品交易指数等；

企业产品数据：产品在具体企业的数据，如新客点击量、重复购买率等产品获客能力数据，客单件、毛利率等产品盈利能力数据。

一、任务要求

请按照要求完成直通车推广数据采集与处理方案撰写。

二、任务内容

【任务背景】

对于推广数据分析,可以了解当前推广渠道的推广效果、投入产出状况,通过对推广效果及投入产出情况的分析可以更好地指导后续的推广工作。

某网店在淘宝网销售零食坚果类商品,前期由于店铺搜索流量增长过慢,无法实现销售目标,因此开通了直通车推广,经过一个月的推广后,领导要求对直通车推广效果进行分析,重点分析直通车推广转化情况分析,进而制定下阶段的推广目标。

【任务分析】

该任务要求对直通车推广效果进行分析,直通车推广效果分析的核心内容为展现、点击和转化等,因此在数据采集过程中就需要对展现量、点击量、访客数、支付买家数、支付金额、支付订单数、支付件数、加购数、收藏数等数据进行采集。

【操作步骤】

撰写直通车推广效果数据采集与处理方案,其操作步骤和关键节点展示如下:

步骤 1:数据分析目标制定。

根据任务描述,要求对直通车推广效果进行分析,因此可确定数据分析目标为:直通车推广效果数据分析。

步骤 2:确定数据指标。

直通车推广效果可分为三大类:展现、点击和转化。

其中直通车展现类指标有:_____

点击类指标有:_____

转化类指标有:_____

步骤 3:确定数据来源及采集工具。

推广平台通常提供推广效果数据报表,会在推广工具的相关版块进行展现,并提供下载功能,针对此任务可使用的采集渠道及工具为:_____。

步骤 4：撰写运营推广数据采集与处理方案。

表 3-1　直通车推广数据采集与处理方案

背景介绍	
分析目标	
数据分析指标	
数据来源渠道及采集工具	

一、学习总结

（1）商务数据的来源按照数据资料的性质划分可分为一手资料和二手资料。

（2）商务数据采集的渠道一可通过电子商务站点、店铺后台或类似生意参谋、京东商智等数据工具获取；二可通过政府部门、行业协会、新闻媒体、出版社等发布的统计数据、行业调查报告、新闻报道、出版物；三可通过行业权威网站或数据机构发布的报告、白皮书等。

（3）商务数据的采集流程为：识别信息需求——明确分析对象——按需求采集数据。

二、学习提升

SQL：结构化查询语言（Structured Query Language）。SQL 是一种数据库查询和程序设计语言，用于存取数据以及查询、更新和管理关系数据库系统。

观看 SQL 教学视频，试着完成以下练习。

1. 哪个 SQL 语句用于从数据库中提取数据？（　　　）

   A. EXTRACT

   B. SELECT

   C. OPEN

   D. GET

2. 哪条 SQL 语句用于更新数据库中的数据？（　　　）

   A. MODIFY

   B. SAVE AS

   C. UPDATE

   D. SAVE

3. 哪条 SQL 语句用于在数据库中插入新的数据？（　　　）

   A. INSERT NEW

   B. UPDATE

   C. INSERT INTO

   D. ADD NEW

4. 通过 SQL，如何从 Students 表中选取所有的列？（　　　）

   A. SELECT [all] FROM Students

   B. SELECT Students

C. SELECT * FROM Students

D. SELECT *. Students

5. 通过 SQL，如何从 Students 表中选取 FirstName 列的值等于"Peter"的所有记录？
（　　）

A. SELECT [all] FROM Students WHERE FirstName='Peter'

B. SELECT * FROM Students WHERE FirstName LIKE 'Peter'

C. SELECT [all] FROM Students WHERE FirstName LIKE 'Peter'

D. SELECT * FROM Students WHERE FirstName='Peter'

6. 通过 SQL，如何从 Students 表中选取"FirstName"列的值以"a"开头的所有记录？
（　　）

A. SELECT * FROM Students WHERE FirstName LIKE 'a%'

B. SELECT * FROM Students WHERE FirstName='a'

C. SELECT * FROM Students WHERE FirstName LIKE '%a'

D. SELECT * FROM Students WHERE FirstName='%a%'

7. 通过 SQL，如何根据 FirstName 列降序地从"Persons"表返回所有记录？（　　）

A. SELECT * FROM Persons SORT 'FirstName' DESC

B. SELECT * FROM Persons ORDER BY FirstName DESC

C. SELECT * FROM Persons ORDER FirstName DESC

D. SELECT * FROM Persons SORT BY 'FirstName' DESC

8. 通过 SQL，如何向 Persons 表插入新的记录？（　　）

A. INSERT ('Jimmy', 'Jackson') INTO Persons

B. INSERT VALUES ('Jimmy', 'Jackson') INTO Persons

C. INSERT INTO Persons VALUES ('Jimmy', 'Jackson')

9. 通过 SQL，如何向 Persons 表中的"LastName"列插"Wilson"？（　　）

A. INSERT INTO Persons (LastName) VALUES ('Wilson')

B. INSERT ('Wilson') INTO Persons (LastName)

C. INSERT INTO Persons ('Wilson') INTO LastName

10. 如何把 Persons 表中"LastName"列的"Gates"改为"Wilson"？（　　）

A. MODIFY Persons SET LastName='Wilson' WHERE LastName='Gates'

B. UPDATE Persons SET LastName='Wilson' WHERE LastName='Gates'

C. UPDATE Persons SET LastName='Wilson' INTO LastName='Gates'

D. MODIFY Persons SET LastName='Wilson' INTO LastName='Gates'

11. 通过 SQL，如何在"Persons"表中删除"FirstName"等于"Fred"的纪录？（　　）

A. DELETE FROM Persons WHERE FirstName = 'Fred'

B. DELETE FirstName='Fred' FROM Persons

C. DELETE ROW FirstName='Fred' FROM Persons

三、任务评价反馈

四、学习笔记

任务一　项目准备

一、案例引入

小李是某大学电子商务专业的一名学生，毕业之后就职于一家主营女装的电子商务公司，主要负责网店运营工作。

2021年6月，网店准备策划年中大促活动，以增加网店流量，进而提高销量和转化率。运营主管安排小李负责活动的策划和具体执行，小李接到任务后，首先通过淘宝网后台"生意参谋"查看了网店6月份一级流量走向，具体如图4-1所示。

 流量看板

一级流量走向

■ 淘内免费　■ 付费流量　■ 自主访问　■ 淘外流量　■ 其他

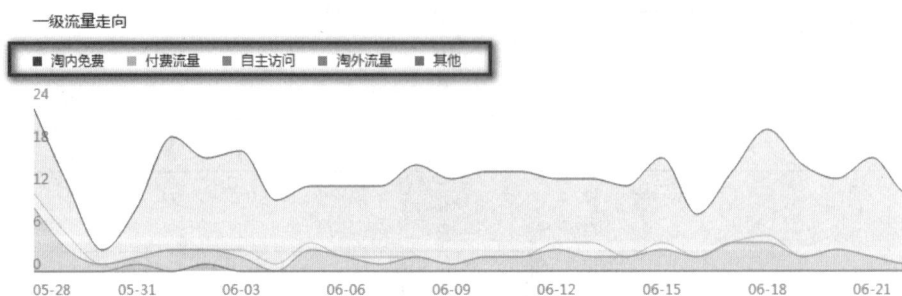

图 4-1　网店 6 月份一级流量走向

通过数据对比，小李发现：目前网店流量来源方面存在的问题主要是付费流量渠道的利用还不够充分，因此他决定从这部分入手，优化调整网店的流量数据。

小李首先需要明确网店当前的各项流量数据以及与网店流量相关的数据分析指标，并据此制定相应的优化调整目标，进而完成本次任务。

【案例思考】

通过查看案例，思考并回答以下问题：

（1）网店的付费流量渠道有哪些？请简单举例说明。

（2）与网店流量相关的数据分析指标有哪些？

二、学习目标

（1）了解数据处理的定义，明白什么是数据挖掘。
（2）掌握数据的美化。
（3）掌握数据清洗的方法。
（4）掌握数据加工的方法。
（5）掌握 Excel 常用数据处理方法。

三、知识链接

1. 扫描二维码学习微课视频：数据处理。

数据处理

2. 扫描二维码了解数据分析常用统计指标。

数据分析常用统计指标

四、学习内容

1. 认识数据处理

数据处理是指对收集到的数据进行加工整理，形成适合数据分析的样式，它是数据分析前必不可少的阶段。数据处理的基本目的是从大量的、杂乱无章、难以理解的数据中，抽取并推导出对解决问题有价值、有意义的数据。

数据处理一般包括数据清洗和数据加工。

第一步，数据清洗。顾名思义，数据清洗就是将多余重复的数据筛选清除，将缺失的数据补充完整，将错误的数据纠正或删除。最后的数据状态应该是"多一分则肥，少一分则瘦"。

第二步，数据加工。经过清洗后的数据，并不一定是我们想要的数据，例如身份证号码，其实我们只想抽取里面出生年月的信息。所以，还要对数据字段进行信息提取、计算、分组、转换等加工，让它变成我们想要的数据表。

2. 数据处理注意事项

数据处理是一件非常耗时费力的工作，最佳的工作方式就是制定计划、重视细节且不急不躁，试图速战速决只会适得其反，引入更多的错误。

扫描二维码观看动画：数据处理的注意事项。

数据处理的注意事项

3. 数据中容易出现的问题

通过各种渠道收集来的数据，常出现缺失、异常、冗余、不一致等现象，质量并不能直接为数据分析所用。此外，一些成熟的数据分析模型对处理的数据有特定的要求，比如一定的数据类型、统一的数据量纲、数据的冗余性要求、属性的相关性要求等。

原始数据存在的问题包括：重复数据、缺失数据、异常值、冗余数据、不一致数据。

（1）重复数据。

重复数据是指在数据表中唯一标识记录的字段出现多次的数据。

例如，在图 4-2 所示的会员信息表中，会员编号是可以唯一标识每条记录的指标。其中，会员编号"1893133"出现了 2 次，为重复数据。

会员信息表

会员编号	年龄	性别	联系手机	收货地址
97485	40	男	137****8004	广东省 深圳市 大鹏新区
190695	45	女	158****5099	广东省 深圳市 福田区
489376	30	女	136****8028	广东省 深圳市 龙岗区
1893133	29	男	137****0703	广东省 广州市 白云区
493834	47	女	139****2634	广东省 深圳市 龙岗区
558903	36	female	187****4577	广东省 中山市 小榄镇
559569	48	male	135****1048	广东省 广州市 花都区
893869	29	女	186****1665	广东省 梅州市 梅县区
1333727	33	female	181****8906	广东省 广州市 白云区
1893133	29	男	137****0703	广东省 广州市 白云区
2263904	33	男	150****1945	广东省 深圳市 罗湖区
2310007	32	女	186****0221	广东省 深圳市 南山区
2490531	33			
2689842	30	男	151****5892	广东省 深圳市 龙岗区
2925852	27	男	138****0278	广东省 中山市 小榄镇
3061820	20	女	138****6726	广东省 阳江市 江城区
3139245	24	男	151****8770	广东省 东莞市 东城街
3149821	42	女	138****6726	广东省 深圳市 福田区
4153242	32	女	137****2026	广东省 东莞市 石龙镇
4153485	34	女	156****8632	广东省 梅州市 五华县
4153595	24	男	150****9225	广东省 江门市 江海区
4290542	30	女	134****8287	广东省 深圳市 龙岗区
4313145	33	男	183****1965	广东省 东莞市 石龙镇
4313496	26	女	151****8770	广东省 东莞市 东城街
4372630	41	male	159****9830	广东省 广州市 黄埔区
4414023	40	男	135****1029	广东省 梅州市 五华县
4717133	43	女	134****0987	广东省 惠州市 惠阳区
4741189	34	男	137****5519	广东省 惠州市 博罗县
4855701	23	女	187****8120	广东省 惠州市 惠阳区
4936166	23	女	137****2803	广东省 湛江市 赤坎区
5515369	44	female	137****5735	广东省 惠州市 惠阳区

图 4-2　会员信息表

（2）缺失数据。

缺失数据是指在实践过程中因种种原因没有能够获取观测对象的相关信息，造成数据不完全。

例如数据录入、存储过程中的人为失误和系统软硬件问题造成了数据的缺失等，如图 4-3 所示。

会员信息表

会员编号	年龄	性别	联系手机	收货地址
97485	40	男	137****8004	广东省 深圳市 大鹏新区
190695	45	女	158****5099	广东省 深圳市 福田区
489376	30	女	136****8028	广东省 深圳市 龙岗区
1893133	29	男	137****0703	广东省 广州市 白云区
493834	47	女	139****2634	广东省 深圳市 龙岗区
558903	36	female	187****4577	广东省 中山市 小榄镇
559569	48	male	135****1048	广东省 广州市 花都区
893869	29	女	186****1665	广东省 梅州市 梅县区
1333727	33	female	181****8906	广东省 广州市 白云区
1893133	29	男	137****0703	广东省 广州市 白云区
2263904	33	男	150****1945	广东省 深圳市 罗湖区
2310007	32	女	186****0221	广东省 深圳市 南山区
2490531	33			
2689842	30	男	151****5892	广东省 深圳市 龙岗区
2925852	27	男	138****0278	广东省 中山市 小榄镇
3061820	20	女	138****6726	广东省 阳江市 江城区
3139245	24	男	151****8770	广东省 东莞市 东城街
3149821	42	女	138****6726	广东省 深圳市 福田区
4153242	32	女	137****2026	广东省 东莞市 石龙镇
4153485	34	女	156****8632	广东省 梅州市 五华县
4153595	24	男	150****9225	广东省 江门市 江海区
4290542	30	女	134****8287	广东省 深圳市 龙岗区
4313145	33	女	183****1965	广东省 东莞市 石龙镇
4313496	26	女	151****8770	广东省 东莞市 东城街
4372630	41	male	159****9830	广东省 广州市 黄埔区
4414023	40	男	135****1029	广东省 梅州市 五华县
4717133	43	女	134****0987	广东省 惠州市 惠阳区
4741189	34	男	137****5519	广东省 惠州市 博罗县
4855701	23	女	187****8120	广东省 惠州市 惠阳区
4936166	23	女	137****2803	广东省 湛江市 赤坎区
5515369	44	female	137****5735	广东省 惠州市 惠阳区

缺失的数据

图 4-3 会员信息表缺失的数据

（3）异常值。

异常值也可称为离群点，是指所获得的数据中与平均值的偏差超过两倍及两倍以上标准差的数据。

异常值产生的原因很多，例如录入数据时误将"80"录入为"800"，那么当数据均为 100 左右的数据时，"800"就会被识别为异常值。

当异常值存在时，会严重影响数据分析的结果，例如使平均值偏高或偏低，使方差增大，影响数据模型的拟合优度等。此外，若异常值不是错误数据，就应是数据分析人员关注的焦点。

（4）冗余数据。

数据冗余一方面是指多个数据集合并时同一条数据命名或者编码方式不同，例如某数据集中的变量名称为"用户编码"而在另一个数据集中为"id"；另一方面指数据集中的 2 个或多个变量之间存在相关或者推导关系。冗余数据会造成数据重复或分析结果产生偏差。

（5）不一致数据。

一是人为/机械原因导致的录入错误或数据规范不同，例如将数据集中的"客单价"录入为"－180"；又如变量名"用户编码"下，某数据集的规范是"3 位/数字"，在另一个数据集中则要求"5 位/字母+数字"。

二是变量单位或者量纲不匹配。例如，某数据集中的商品价格以"元"为单位，另一个数据集中却为"万元"。

三是数据特征不适应特定数据分析模型的需求或变量过多，分析难度较大。例如，手机系统分为 Android 和 iOS 两种，但回归分析模型中要求数据是数值型的，可以将其转换为名义变量（0/1 变量）再进行处理。

4. 数据清洗

数据清洗就是将格式错误的数据进行处理纠正，将错误的数据纠正或删除，将缺失的数据补充完整，将重复多余的数据删除。

（1）数据一致性处理。

通过统计调查收集上来的数据，经常会出现同一字段的数据格式不一致的问题。

数据非一致性形式主要包括：

① 被调查者输入的选项不符合要求。

例如：最多选择 3 个选项的多选题，答题者选择了 4 个选项

② 录入错误。

例如：二分法的多选题录入时，出现了"0"和"1"之外的数据。

这会直接影响后续的数据分析，所以必须对数据的格式做出一致性处理。

数据一致性检查和处理可以用 Excel 函数法，如 IF 函数、ISERROR 函数等。

（2）缺失数据的处理。

缺失数据是指数据集中某个或某些属性的值是不完全的，这在数据分析中非常常见。

在数据表里，缺失值最常见的表现形式就是空值或者错误标识符。

缺失数据产生原因主要有两点：

一是机械原因，这是由于数据收集或保存失败造成的数据缺失，比如数据存储的失败、存储器损坏、机械故障导致某段时间数据未能收集等。

二是人为原因，这是由于人的主观失误、历史局限或有意隐瞒造成的数据缺失，比如，在市场调查中被访人拒绝透露相关问题的答案，或者对问题的回答是无效的，抑或数据录入人员失误漏录了数据。

缺失数据一般在数据表中表现为空白单元格或错误标识符。

其中，空白值在 Excel 软件中可单击"开始"选项卡的"编辑"功能区，通过"定位"→"定位条件"→"空值"→"确定"，将缺失数据一次性选定。错误标识符则需根据存储文件特征查找原因，例如 Excel 中，"####"表示单元格中的数据超出了该单元格的宽度，或者

单元格中的日期时间公式产生了负值；"#DIV/0!"表示进行公式运算时，除数使用了数值零、指向了空单元格等。

查找缺失数据：

定位输入（缺失数据为空值）：在 Excel"开始"→"编辑"→"查找和选择"→"定位条件"→"空值"（所有空值会被一次性选中），如图 4-4 所示。

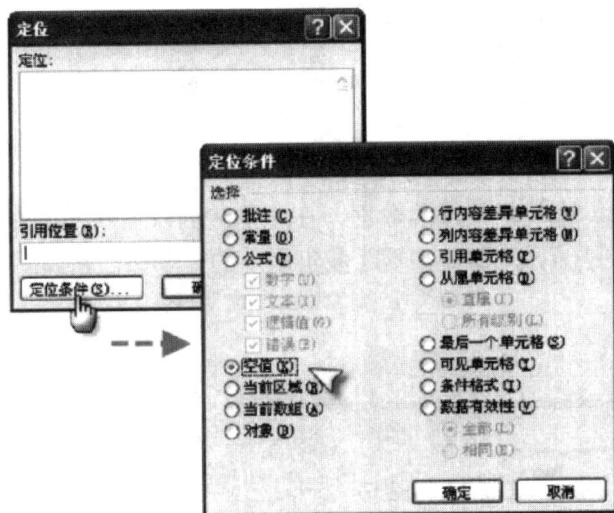

图 4-4　空值的查找

处理缺失数据：

- 用样本均值或中位数或众数代替缺失值。
- 将有缺失值的记录删除。
- 保留该记录，在要用到该值做分析时，将其临时删除（最常用方法）。
- 查找和替换（主要用于非空值情况）。

（3）删除重复记录。

删除重复数据方法一：Excel 筛选法。

单击数据表的任意位置，再单击"数据"→"删除重复项"按钮即可，如图 4-5 所示。

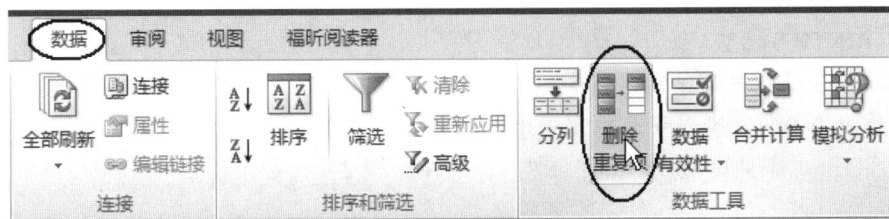

图 4-5　Excel 删除重新项操作

删除重复数据方法二：Excel 函数法。

① COUNTIF 函数。

COUNTIF 函数统计条件区域中，符合一个指定条件的单元格个数，当满足指定条件的单元格个数大于 1 时，则表示有重复项出现。

COUNTIF（条件区域，指定条件）。如图 4-6 所示，要统计指定店铺的业务笔数，也就是统计 B 列中有多少个指定的店铺名称。图 4-7 中要统计 90 分以上人数，也就是统计 B 列中 90 分以上有多少个。

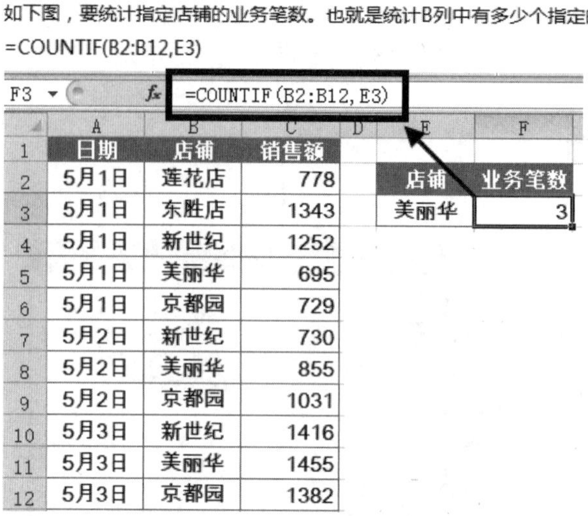

如下图，要统计指定店铺的业务笔数。也就是统计B列中有多少个指定的店铺名称。

=COUNTIF(B2:B12,E3)

F3 =COUNTIF(B2:B12,E3)

	A	B	C	D	E	F
1	日期	店铺	销售额			
2	5月1日	莲花店	778		店铺	业务笔数
3	5月1日	东胜店	1343		美丽华	3
4	5月1日	新世纪	1252			
5	5月1日	美丽华	695			
6	5月1日	京都园	729			
7	5月2日	新世纪	730			
8	5月2日	美丽华	855			
9	5月2日	京都园	1031			
10	5月3日	新世纪	1416			
11	5月3日	美丽华	1455			
12	5月3日	京都园	1382			

图 4-6　COUNTIF 函数应用示例 1

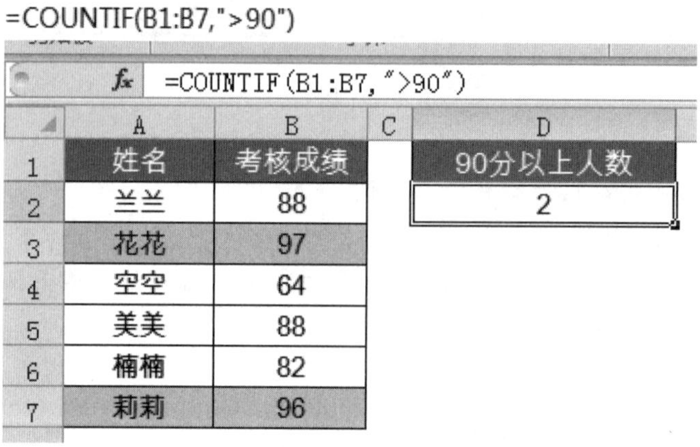

=COUNTIF(B1:B7,">90")

=COUNTIF(B1:B7,">90")

	A	B	C	D
1	姓名	考核成绩		90分以上人数
2	兰兰	88		2
3	花花	97		
4	空空	64		
5	美美	88		
6	楠楠	82		
7	莉莉	96		

图 4-7　COUNTIF 函数应用示例 2

② COUNTIFS 函数。

COUNTIFS 函数统计条件区域中，符合多个指定条件的单元格个数，当满足指定条件的单元格个数大于 1 时，则表示有重复项出现。

COUNTIFS（条件区域 1，指定条件 1，条件区域 2，指定条件 2……）

5. 数据美化

（1）单元格的美化。

① 单元格的行列的设置调整。

a. 选中“某列”或“某几列”（可以是连续列，也可是不连续列）。

b. 光标移到列号右侧，变成调整的左右箭头时，直接拖动，可以调整列宽。

c. 也可以选中列，右击弹出快捷菜单，如图，选择"列宽"选项，弹出"列宽"对话框，如图 4-8 所示，将合适的数值填入即可。

图 4-8　Excel 单元格列宽设置

② 单元格的合并。

选中需要合并的单元格，选择"开始"→"对齐方式"→"合并后居中"，弹出快捷菜单，有四种合并方式，根据需要选择合适的合并方式，如图 4-9 所示。

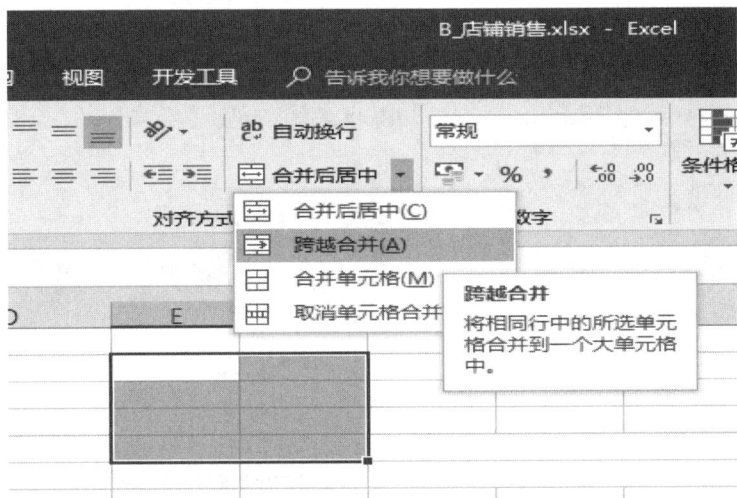

图 4-9　Excel 单元格合并设置

③ 设置单元格文本的字体。

选中单元格中文本，单击"开始"→"字体"，弹出"设置单元格格式"对话框，显示"字体"选项卡，可对字体、字形、字号、颜色等进行设置。

④ 设置单元格文本的对齐方式

如需对单元格中内容调整对齐方式，可以单击"开始"→"对齐方式"，弹出"设置单元格格式"对话框，显示"对齐"选项卡，如图 4-10 所示。

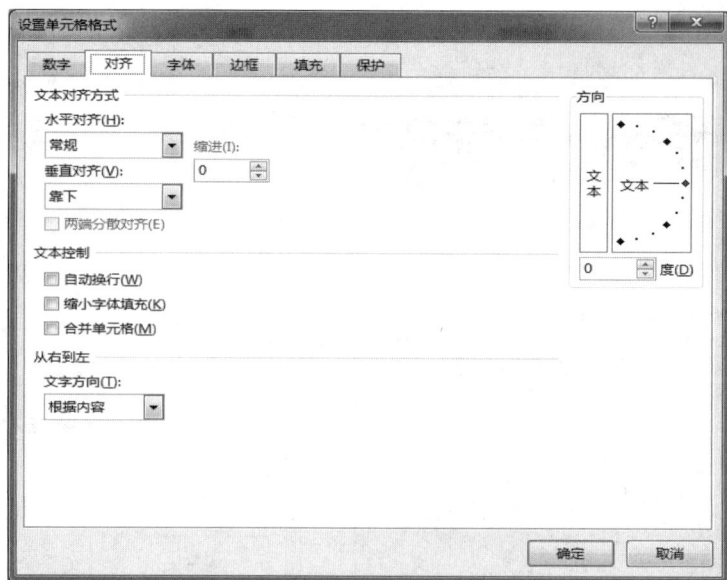

图 4-10　Excel 单元格对齐设置

⑤ 设置单元格边框。

选中需要设置边框的单元格，右击弹出快捷菜单，选择"设置单元格格式"选项，打开"设置单元格格式"对话框，选择"边框"选项卡，如图 4-11 所示。

⑥ 单元格背景填充。

设置单元格背景可以美化工作表或突出显示重要数据。设置选项打开"设置单元格格式"中的"填充"选项卡，如图 4-11 所示。

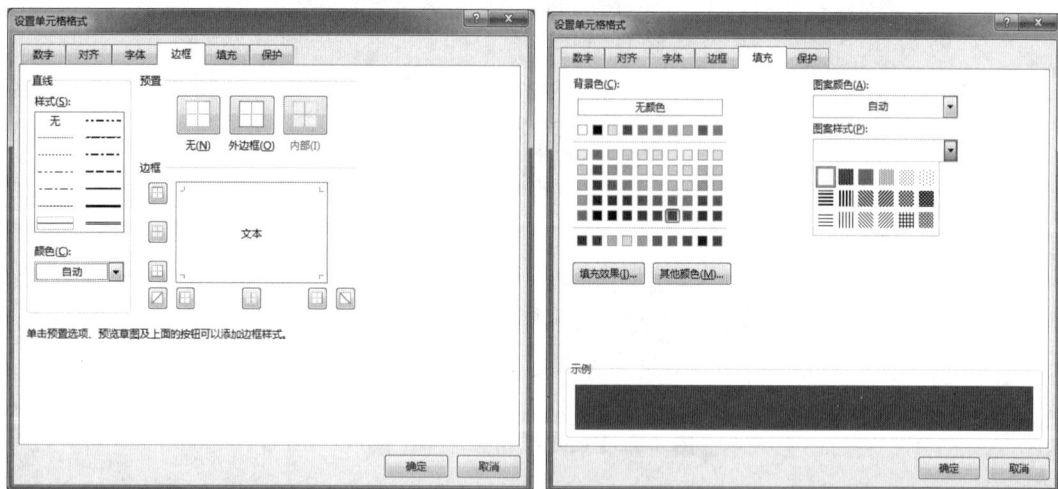

图 4-11　Excel 单元格格式设置

（2）套用样式。

如果想在工作表中快速地创建出漂亮、专业的格式，又不想一步一步地进行手动设置，此时，可使用 Excel 的套用表格样式功能，自动套用表格样式，提高工作效率。下面将对"图书销量统计表"工作簿中的"Sheet1"工作表套用表格格式，其具体操作如图 4-12 所示。

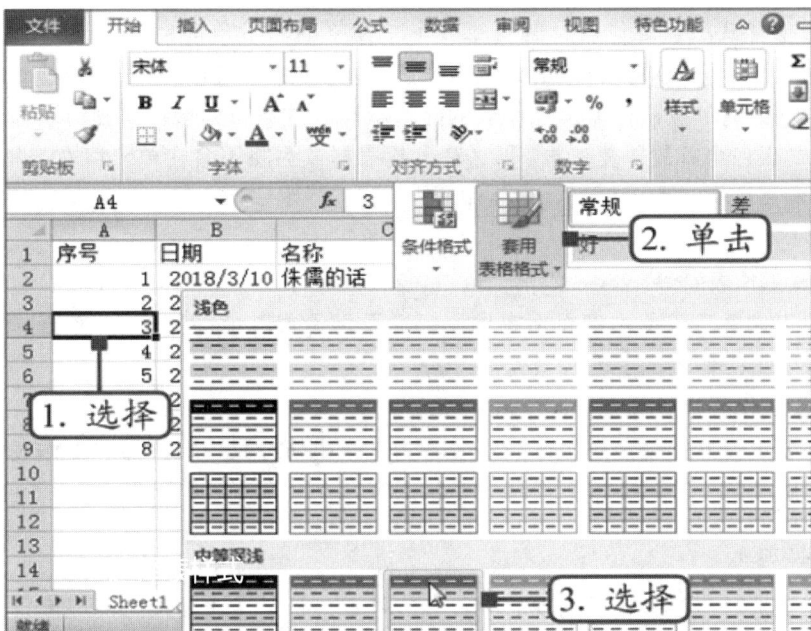

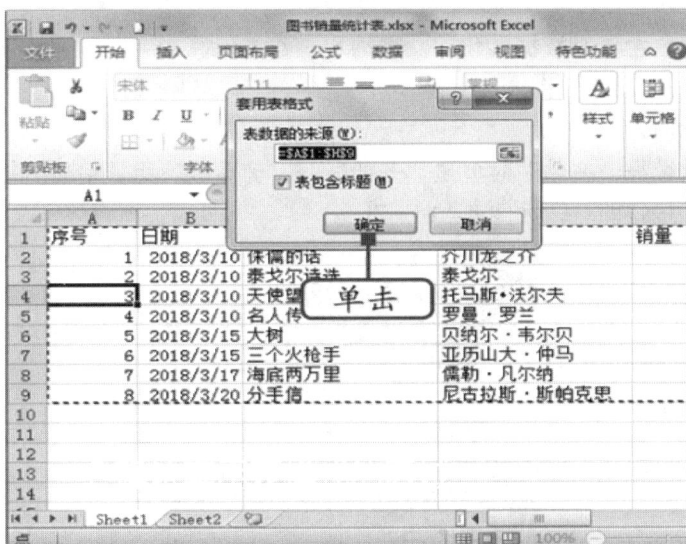

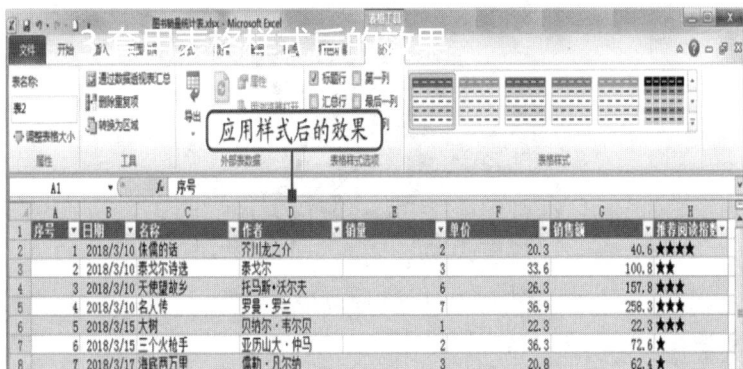

图 4-12　Excel 套用表样式设置

套用表格样式后，工作表标题行每一个单元格的右下角都会显示一个筛选"下拉"按钮，单击该按钮，可以对表格中的数据进行筛选。也可以单击"数据"选项卡的"排序和筛选"组中的"筛选"按钮，取消工作表的筛选状态。注意，如果在"套用表格式"对话框中未单击选中"表包含标题"复选框，那么在套用表样式后将不会在单元格右下角出现筛选"下拉"按钮。

（3）表格的美化。

① 设置工作表背景。

在当前工作表下，单击"页面布局"→"页面设置"→"背景"，弹出"工作表背景"对话框，可以给工作表加上图片背景。

② 设置工作表标签颜色。

选中需要设置标签颜色的工作表表名右击，弹出快捷菜单，选择"工作表标签颜色"选项，在"主题颜色"选项中选择想要的颜色即可。

6. 数据加工

数据加工是对清洗美化后的现有字段进行抽取、计算或者转换，形成满足分析需要的一系列新数据字段的过程。

数据加工的手段主要有数据转化、数据抽取、数据计算、字段分列、字段匹配。

（1）数据转置。

① 数据表行列转换。

复制需要转化数据，在粘贴时单击"开始"→"剪贴板"组"粘贴"按钮下面的三角箭头，单击"转置"按钮即可，如图4-13所示。

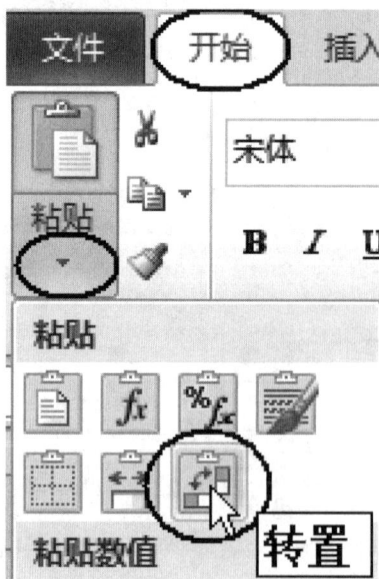

图 4-13 Excel 数据转置设置

② 选题录入数据方法转换。

第一种：各种选项用 0 和 1 表示该选项是否被选择录入，即二分法。

这种方法录入数据的时候比较烦琐，效率低下，而且容易出现错误，但是在数据分析的时候相对简单，所以一般进行数据分析时采用二分法录入的数据表。

第二种：直接录入选项的代码，不需要找对应选项直接录入，即多重分类法。

这种方式的录入速度会高很多，缺点是只能在 SPSS 里分析数据，若在 Excel 里分析则相对较麻烦。

（2）字段分列。

菜单法：选择需要分列数据，单击"数据"→"分列"按钮，如图 4-14 所示。

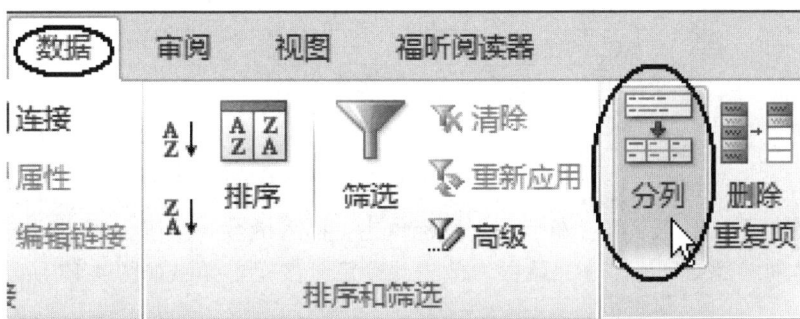

图 4-14　Excel 数据分列设置

（3）数据抽取。

数据抽取指保留原数据表中某些字段的部分信息，组合成一个新字段。

常用的数据抽取函数有 left（　）、right（　）、mid（　）、year（　）、month（　）、day（　）、weekday（　）。

7. 数据计算

简单计算指字段通过加、减、乘、除等简单算术运算就能计算出来，如图 4-15 所示。

	A	B	C	D	E
1	产品名称	销售数量	单价	销售额	公式
2	产品A	200	￥78.00	￥15,600.00	=B2*C2
3	产品B	300	￥88.00	￥26,400.00	=B3*C3
4	产品C	100	￥85.00	￥8,500.00	=B4*C4
5	产品D	50	￥100.00	￥5,000.00	=B5*C5
6	产品E	87	￥68.00	￥5,916.00	=B6*C6
7	合计	737		￥61,416.00	=SUM(D2:D6)

图 4-15　Excel 数据计算示例

常用的数据计算抽取函数有 AVERAGE（　）、SUM（　）、DATEIF（　）、SUMIF（　）、SUMIFS（　）。

Excel 数据处理常用函数：

（1）IF 函数条件判断。

① 单条件判断。

IF（判断的条件，符合条件时的结果，不符合条件时的结果）

② 多条件判断。

IF（AND（判断的条件），符合条件时的结果，不符合条件时的结果）

图 4-16 所示为不同产品的去年和今年的销售量数据，现要求计算各个产品的同比增长率。若无"上年销售量"，则是今年新增产品，若无"本年销售量"，则是今年停产产品。操作步骤如下。

	A	B	C	D
1	产品	上年销售量	本年销售量	同比增长率
2	产品A	5435	6324	
3	产品B	3254	2876	
4	产品C	354		
5	产品D	6545	7678	
6	产品E		1765	

图 4-16　产品去年和今年销售量数据

a. 光标定位于工作表的 D2 单元格，鼠标单击"插入函数"按钮，弹出"插入函数"对话框，选择类别"逻辑"→"IF"函数，单击"确定"按钮，弹出如图 4-17 所示的"函数参数"对话框。

（2）光标定位于"logical_test"右侧的输入框，输入公式 B2<>""。

（3）光标定位于"Value_if_true"右侧的输入框，输入 IF 的嵌套公式 IF（C2<>""，（C2-B2）/B2，"已经停产"）。

（4）光标定位于"Value_if_false"右侧的输入框，输入"新增项目"，鼠标单击"确定"按钮即可。

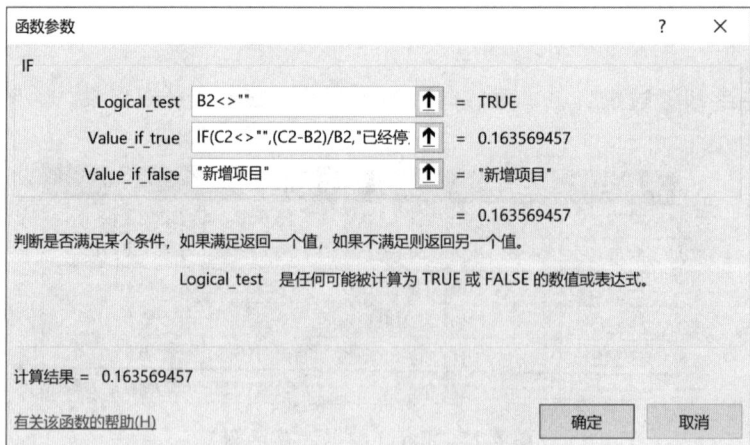

图 4-17　IF"函数参数"对话框

（2）SUMIF 函数条件求和。

① 单条件求和。

SUMIF（条件区域，指定的求和条件，求和的区域）

② 多条件求和。

SUMIFS（求和的区域，条件区域 1，指定的求和条件 1，条件区域 2，指定的求和条件 2，……）

如图 4-18 所示，使用 SUMIF 函数计算一班的总成绩。

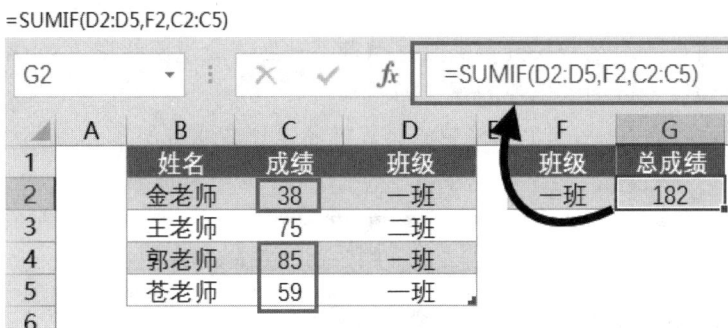

图 4-18　SUMIF 函数展示

（3）ISERROR 函数。

用于测试函数式返回的数值是否有错。如果有错，该函数返回 TRUE，反之返回 FALSE。

ISERROR（value）

（4）提取类函数。

LEFT 函数：从一个文本字符串的第一个字符开始，截取指定数目的字符。

LEFT（text，num_chars）

MID 函数：从一个文本字符串的指定位置开始，截取指定数目的字符。

MID（text，start_num，num_chars）

SUBSTITUTE 函数：从一个文本字符串的指定位置开始，截取指定数目的字符。

SUBSTITUTE（要替换的文本，旧文本，新文本，[替换第几个]）

如图 4-19 的示，要将手机号码的中间四位换成星号。

图 4-19　SUMIF 函数展示

（5）VLOOKUP 函数。

VLOOKUP 函数：条件查询

VLOOKUP（要找谁，在哪儿找，返回第几列的内容，精确找还是近似找）

注意：

① 第 4 参数一般用 0（或 FASLE）以精确匹配方式进行查找。

② 第 3 参数中的列号，不能理解为工作表中实际的列号，而是指定返回值在查找范围中的第几列。

③ 如果查找值与数据区域关键字的数据类型不一致，会返回错误值#N/A。

④ 查找值必须位于查询区域中的第一列。

如图 4-20 所示，要查询 F5 单元格中的员工姓名是什么职务。

=VLOOKUP($F$5,$B$1:$D$10,2,0)

=VLOOKUP($F$5, $B$1:$D$10, 2, 0)

	A	B	C	D
1	序号	员工姓名	部门	职务
2	1	苏霞	法务部	法律顾问
3	2	包志林	财务部	财务总监
4	3	林娥云	安监部	部长
5	4	石少青	质检部	质检员
6	5	于冰福	生产部	生产部长
7	6	姜琼芝	仓储部	保管员
8	7	刘龙飞	供应部	发货员
9	8	毕晓智	采购部	部长
10	9	张金飞	销售部	业务经理

姓名	部门
于冰福	生产部

图 4-20　VLOOKUP 函数展示

（6）MATCH 函数。

MATCH 函数条件：返回在指定方式下与指定数值匹配的数组中元素的相应位置（见图 4-21）。

MATCH（lookup_value，lookup_array，match_type）

F2　=MATCH(E2,B1:B11,0)

	A	B	C	D	E	F
1	学号	姓名	性别	语文		
2	10401	丁1	男	85.0	丁8	9
3	10402	丁2	男	71.0		
4	10403	丁3	女	71.0		
5	10404	丁4	女	70.0		
6	10405	丁5	男	75.0		
7	10406	丁6	男	72.0		
8	10407	丁7	男	92.0		
9	10408	丁8	男	68.0		
10	10409	丁9	女	67.0		④
11	10410	丁10	女	62.0		

图 4-21　MATCH 函数展示

注意：

① Lookup_value 代表需要在数据表中查找的数值。

② Lookup_array 表示可能包含所要查找的数值的连续单元格区域。

③ Match_type 表示查找方式的值（ – 1、0 或 1 ）。

④ 如果 match_type 为 – 1，查找大于或等于 lookup_value 的最小数值，Lookup_array 必须按降序排列。

⑤ 如果 match_type 为 1，查找小于或等于 lookup_value 的最大数值，Lookup_array 必须按升序排列。

⑥ 如果 match_type 为 0，查找等于 lookup_value 的第一个数值，Lookup_array 可以按任何顺序排列。

⑦ 如果省略 match_type，则默认为 1。

思考：

MATCH 函数经常和 INDEX 函数嵌套使用，那么 INDEX 函数有什么作用呢？

一、任务要求

请按照要求完成数据处理各项任务。

二、任务内容

1. 扫描二维码"直通车流量解析源数据",任意选择一种查找重复数据的方法,检查源数据是否有重复,若有重复,请删除重复数据项,并说明该重复数据可能会导致怎样的结果。

直通车流量解析源数据

2. 扫描二维码"数据处理综合练习源数据",完成数据清洗工作页任务。

3. 扫描二维码"数据处理综合练习源数据",根据字段分列工作页任务。

4. 扫描二维码"数据处理综合练习源数据",根据全校名单和四级名单,完成成绩查询工作页任务。

数据处理综合练习源数据

一、学习总结

（1）数据处理是指对收集到的数据进行加工整理，形成适合数据分析的样式，抽取并推导出对解决问题有价值、有意义的数据，是数据分析前必不可少的阶段。

（2）数据处理一般包括数据清洗和数据加工。

（3）数据清洗是将格式错误的数据进行处理纠正，将错误的数据纠正或删除，将缺失的数据补充完整，将重复多余的数据删除。

（4）数据清洗包括：

① 处理重复数据：筛选法、函数法（COUNTIF/ COUNTIFS）+菜单删除法、排序删除法、筛选删除法。

② 处理缺失数据。缺失数据为空值：定位输入+替换；缺失数据为非空值：查找+替换。

③ 检查数据逻辑错误：函数法（IF/ ISERROR）。

（5）数据加工的手段主要有数据转置、字段分列、数据抽取、数据计算。

二、学习提升

1. 职业能力素养培养

党的二十大报告指出，提高全社会文明程度，实施公民道德建设工程，弘扬中华传统美德，加强家庭家教家风建设，推动明大德、守公德、严私德，提高人民道德水准和文明素养，在全社会弘扬劳动精神、奋斗精神、奉献精神、创造精神、勤俭节约精神。

敬业诚信是数据分析工作者的必备素质之一。只有保证数据的客观准确，保持严谨的中立立场，才能正确找到企业发展过程中存在的问题，为决策层提供有效的参考依据。任意更改或大意处理数据，刻意隐瞒问题，都有可能会造成严重的后果。

扫描二维码观看微视频《窗口宣言》，解读社会主义核心价值观——敬业，体会数据处理过程需遵从的职业操守。

《窗口宣言》

_____

_____

_____

_____

_____

_____

_____

2. 1+X 数据处理实战

请按照要求完成店铺销售数据采集与处理方案撰写。

【任务背景】

在网店运营过程中，店铺中总有一些商品常常处于无人问津的状态，当然也会有一些商品出现供不应求的现象。如果店铺中无人问津的商品过多会造成商品积压，占用资金。如果这类商品过多还会影响店铺整体权重以及活动的报名资格等。

某网店在运营过程中发现，部分商品持续数月销售数据低，严重影响资金流转及占用仓库。现要求小王对店铺产品进行分析，找出月销量低于店铺平均水平 50% 的商品。

【任务分析】

该任务中要求找出月销量低于店铺平均水平 50% 的商品，通过分析可以得到该任务中首先需要获取到每个商品的销售数据，计算出月度平均销量，并将每个商品的月销量与平均销量进行比对，找出其中低于平均值 50% 的商品。销量数据可以通过店铺后台直接下载获取。

【操作步骤】

撰写运营数据采集与处理方案，其操作步骤和关键节点展示如下：

步骤 1：数据分析目标制定。

根据推广部门提交的数据分析需求，对其进行归类、整理、分析，梳理出可执行的数据需求，并进一步确定数据分析目标。

步骤 2：确定数据指标。

将数据分析需求转化为数据指标，并将数据指标转化为可直接采集的数据指标。

步骤 3：确定数据来源及数据采集工具。

根据数据分析需求及指标，确定数据来源渠道及采集工具。

步骤 4：撰写运营推广数据采集与处理方案。

表 4-1　店铺商品销售数据采集与处理方案

背景介绍	
分析目标	
数据分析指标	
数据来源渠道及采集工具	

三、任务评价反馈

四、学习笔记

任务一　项目准备

一、案例引入

案例一

电子商务网站流量分析

网站流量分析，是指在获得网站访问量基本数据的情况下对有关数据进行的统计和分析，其常用手段就是 Web 挖掘。Web 挖掘可以通过对流量的分析，帮助了解 Web 上的用户访问模式。那么了解用户访问模式有哪些好处呢？

在技术架构上，可以合理修改网站结构及适度分配资源，构建后台服务器群组，比如辅助改进网络的拓扑设计，提高性能，在有高度相关性的节点之间安排快速有效的访问路径等。

（1）帮助企业更好地设计网站主页和安排网页内容。

（2）帮助企业改善市场营销决策，如把广告放在适当的 Web 页面上。

（3）帮助企业更好地根据客户的兴趣来安排内容。

（4）帮助企业对客户群进行细分，针对不同客户制定个性化的促销策略等。

人们在访问某网站的同时，便提供了个人对网站内容的反馈信息：点击了哪一个链接，在哪个网页停留时间最多，采用了哪个搜索项、总体浏览时间等。而所有这些信息都被保存在网站日志中。从保存的信息来看，网站虽然拥有了大量的网站访客及其访问内容的信息，但拥有了这些信息却不等于能够充分利用这些信息。

那么如果将这些数据转换到数据仓库中呢？这些带有大量信息的数据借助数据仓库报告系统（一般称作在线分析处理系统），虽然能给出可直接观察到的和相对简单直接的信息，却也不能告诉网站其信息模式及怎样对其进行处理，而且它一般不能分析复杂信息。所以对于这些相对复杂的信息或是不那么直观的问题，我们就只能通过数据挖掘技术来解决，即通过机器学习算法，找到数据库中的隐含模式，报告结果或按照结果执行。为了让电子商务网站能够充分应用数据挖掘技术，我们需要采集更加全面的数据，采集的数据越全面，分析就能越精准。在实际操作中，有以下几个方面的数据可以被采集：

（1）访客的系统属性特征。比如所采用的操作系统、浏览器、域名和访问速度等。

（2）访问特征。包括停留时间、点击的 URL 等。

（3）条款特征。包括网络内容信息类型、内容分类和来访 URL 等。

（4）产品特征。包括所访问的产品编号、产品目录、产品颜色、产品价格、产品利润、产品数量和特价等级等。

当访客访问该网站时，以上有关此访客的数据信息便会逐渐被积累起来，那么我们就可以通过这些积累而成的数据信息整理出与这个访客有关的信息以供网站使用。可以整理的信息大致可以分为以下几个方面：

（1）访客的购买历史以及广告点击历史。

（2）访客点击的超链接的历史信息。

（3）访客的总链接机会（提供给访客的超级链接）。

（4）访客总的访问时间。

（5）访客所浏览的全部网页。

（6）访客每次会话的产出利润。

（7）访客每个月的访问次数及上一次的访问时间等。

（8）访客对于商标总体正面或负面的评价。

案例二

某某宝用户分析

在某某宝交易中，了解某某宝用户在各个维度上的分布情况及消费倾向，有针对性地提高用户量及订单量，对于商家十分重要，下面就这个原因来进行一些数据分析，包含性别、年龄、消费档次、购物深度、是否为大学生、城市层级等方面。

1. 分析过程

具体操作分为 5 步进行分析工作：提出问题、理解数据、数据清洗、建立模型、总结。

2. 某某宝用户中男女性别占比及其消费倾向（消费档次与购物深度）

由数据分析可以看出男性用户占了 1/3，而女性用户占到了 2/3 之多，这也符合大多数女生更热衷于购买的事实。不管男女用户，大多数是中等消费档次，其次是低等消费档次，只有极少数是高等消费档次，然而高等消费档次的男性用户比例要高于高等消费档次的女性用户。在分析中使用购物深度 "1" "2" "3" 分别代表浅、中、深级购物深度，反映购买记录的多少，从结果来看购物深度为 "1" 和 "2" 的用户只有极少数，绝大部分用户的购物深度都是为 "3" 的。可以看出某某宝注册的绝大多数用户都有多次购买记录，只有极少数注册用户没有或者有着极少的购买记录，可见某某宝用户活跃度还是非常高的。因为绝大多数用户的购物深度都是为 "3"，即属于深度用户，故没有分析对比意义，之后的分析可以不考虑"购物深度"这个因素了。

3. 各年龄层次的用户占比及其消费倾向

从分析结果中可以得出，某某宝用户集中分布在 20～60 岁的年龄区间，0～10 岁、60 岁以上年龄区间的用户则占极少数。区间的用户年龄层次在 30～40 岁区间的某某宝的用户最多，然后由多到少的年龄区间分别是 40～50，20～30，50～60，10～20。总体上随着年龄的增长，低等消费档次的用户占比越来越小，而高等消费档次的用户占比越来越大，这是随着经济能力的提高以及消费需求的变化而变化的。而中等消费档次用户的占比除了在 10 岁区间不是最高的外，在其他所有年龄区间都是占比最高的。

4. 大学生用户占比及其消费倾向

在统计的某某宝用户中，大学生占比极少，只有 7.09%，而绝大部分是非大学生用户。而在大学生用户中，绝大部分是低等消费档次和中等消费档次用户，分别占比 44.73% 和 52.84%，高等消费档次用户数量只占所有大学生用户数量的 2.45%。这是跟绝大多数大学生没有自己的经济收入有关的。

5. 不同城市层级的用户占比及其消费倾向

某某宝的用户主要集中在二、三线城市，一线城市的用户最少。这是由于我国人口主要集中在二三线城市，同时二三线城市的互联网普及度比较高；而四线城市人口虽然不少，但是互联网普及度相对较低，所以用户量少；而对于一线城市来说，互联网普及度是最高的，虽然人口密度很大，但是毕竟一线城市数量不多，总人口少，所以用户量是最少的。另外还可以看出，从一线城市到四线城市，低等消费档次的用户占比越来越大，而高等消费档次的用户占比越来越小，这是跟城市的经济发达程度相关的。而中等消费档次用户的占比在各类城市中都是占比最高的。

6. 总结

某某宝用户在各个层面上的分布及其消费倾向是很有特点的，并符合实际经验与情况。女性用户占据所有用户的 2/3，说明女性的对于购买的热衷程度远大于男性，应该更多地多针对女性用户群体提供商品及广告推荐。但是高等消费档次的男性用户比例要高于高等消费档次的女性用户，说明虽然男性购买行为不如女性多，但他们会更大概率地购买高档贵重商品，所以对于男性用户群体应该提供相应的商品及广告推荐。对于用户量少的群体，应该分别针对其特点采取不同的措施来提高用户量。对于不同的用户群体，应该有分别符合其特点的不同的网页或者客户端页面风格，应该有不同类型的商品及广告推荐。对于老年、小孩年龄段的用户可简化操作界面和使用流程；对于四线城市，可加大力度普及网页或客户端的使用，以增加用户量。根据性别、年龄层次、是否大学生用户、不同城市层级的用户分布，应该为不同类型用户分别提供不同类型、档次的商品及有针对性的广告推荐，以提高订单数量。

二、学习目标

（1）掌握电商商务数据分析内容，宏微观数据分析。
（2）掌握 Excel 数据分析工具库的安装与使用。
（3）能运用描述性统计分析进行。
（4）能运用方差分析、相关分析、回归分析进行数据预测。
（5）能运用移动平均、指数平滑等时间序列法进行预测。

三、知识链接

扫描二维码观看视频：数据分析支撑工具。

数据分析支撑工具

四、学习内容

1. 电商商务数据分析内容

在电商数据化运营工作中，各个部门所产生的数据与运营分析的需求各不相同，数据分析人员需要针对各个部门的数据分析具体需求进行深入整理分析。

首先第一步是进行需求收集。根据需求的类型，我们可以进行不同的分类。

● 根据职能划分，可以分为：市场类数据需求、运营类数据需求、产品类数据需求、服务类数据需求等。

● 按需求性质划分，可以分为：显性需求、隐性需求。比如，某网店开展了某项营销活动，想了解店铺订单增长情况，则获取店铺订单数量就属于显性需求；而在店铺订单数据背后，运营人员还需要分析此次营销活动的转化情况，以及各个渠道的投入产出情况等，则这些数据就属于隐形需求，需要数据采集人员对其需求进行分析。

从需求获取阶段我们可以看出，需求的来源是多种多样的。每一个提出需求的主体都会有自己特定的立场和观点，明确这个需求提出者是谁，将有利于我们更好地理解他所提出的需求。

在填写需求记录表的"需求来源"这一栏时，可以参照需求获取阶段的几种获取方式，然后以这样的格式记录：部门-姓名，如运营部-小黑。

在进行数据分析之前，我们需要制定数据分析目标:

（1）确定核心目标。明确进行数据分析的对象，也就是需要确定分析目标。通常会选取各部门最关心的核心 KPI 指标，分析目标不要过多。

（2）核心目标拆解。核心目标拆解的过程需要遵循 MECE 原则，即"完全穷举，相互独立"。

2. 宏观数据分析

目标确定之后，开始进行具体的数据分析。在进行数据分析的时候，可以从整体市场大环境来讲可以三个角度对电子商务宏观数据进行分析，市场数据分析、行业数据分析、竞争数据分析。

（1）市场数据分析。

市场数据分析是指为了一定的商业目的，对市场的规模、市场趋势、市场需求、目标客户、竞争态势等相关数据所进行的分析。通过综合分析，使得众多分散的市场信息相互融合，互为补充，辅助电商企业进行决策，如是否应进入该行业、如何制定销售目标、如何安排营销节奏等。

市场数据分析的必要性不言而喻，其价值体现在以下几个方面：

• 有利于电商企业及时发现新的市场机会，预测市场行情，及时有效地调整市场或品牌战略，开拓潜在市场。

• 提高信息对称性，可为电商企业的经营决策提供参考，让决策的信息更充分，提高经营管理决策的科学性、有效性。

• 帮助电商企业发现经营中存在的问题并找出解决的办法，探查问题出现的原因，找到解决问题的方法。

• 内外数据整合，提升市场竞争力。如价格带分析、客户满意度分析，作为企业调整战略目标的参考依据，以便于电商企业提升市场竞争力。

（2）行业数据分析。

行业是指由众多提供同类或相似商品的企业构成的群体，通过对行业进行宏观及微观分析，如行业集中度、行业市场规模、商品售卖周期、客户品牌及属性偏好等，用以判定电商企业选择的行业是否有较好的发展态势，行业的天花板在哪里，行业类目下哪些子行业比较有发展潜力。据此对行业有整体的判断，找到电商企业后期销售额提升的"蓝海"机会，明确电商企业可以切入的品类。

① 行业发展分析。

在考虑行业发展的时候，我们一般从 4 个方面去考虑：首先是行业集中度，又称为行业集中率或市场集中度，是对整个行业市场集中度和市场势力测量的重要量化指标，可以反映某个行业的饱和度、垄断程度，一般通过赫芬达尔指数（HHI）来反映，该指数需要取得竞争对手的市场占有率。该指数在 $\frac{1}{n} \sim 1$ 之间变动，指数的数值越小，说明行业的集中度就越小，趋于自由竞争。

例：现假设某行业市场有 5 家企业，首先需要计算不同企业各自的市场份额平方值，随后将市场份额平方值相加，即可得出该行业的赫芬达尔指数。赫芬达尔指数（HHI）值越大，表明行业集中度越高。当行业处于完全垄断时，赫芬达尔指数（HHI）= 1。（赫芬达尔指数对规模较大的企业的市场份额反映比较敏感，而对众多小企业的市场份额小幅度的变化反映很小。此外，该指数可以不受企业数量和规模分布的影响，可较好地测量行业的集中度变化情况。）

电商企业在进行行业集中度分析时，可进入后台采集相应的数据，以淘宝网为例，可进入生意参谋，采集选定行业排名前 50 个品牌的交易指数，通过交易指数拟合交易金额，随后计算出各自的市场份额（交易指数占比），并进一步完成行业集中度的计算。

其次是市场趋势分析，即根据市场历史数据判定行业目前所处的发展阶段，是处于萌芽期、成长期、爆发期还是衰退期。电商企业选定行业所处的发展阶段，决定了电商企业未来的成长空间。

然后是市场容量分析，市场容量即市场规模，其目的主要是研究目标行业的整体规模，是指目标行业在指定时间内的销售额。市场容量分析对于电商企业的运营非常重要：一方面，是了解自己选定的行业前景如何；另一方面，有利于电商企业制定销售的计划与目标。

最后是子行业容量分析，电商企业通过对行业集中度和行业市场容量的分析，已经能够确定计划进入的父行业，但在具体运营过程中，还需要了解父行业下所有子行业的发展情况，从中选出有销售前景，市场容量大的子行业，并进一步确定行业品类切入方案，制定合理的品类上新计划。

② 市场需求分析。

市场需求反映的是在一定的时期和地区内，客户对计划购买的商品所表现出的各类需求。如果不适应客户的需求，商品就有可能在后期出现销售疲软。因此，需要提前收集分析市场反馈出的各类需求，做好需求量变化趋势分析以及客户品牌、属性偏好分析。在考虑市场需求的时候，我们也才 4 个方面去考虑。

首先是市场需求量变化趋势分析，电商企业在运营时需要关注市场需求量变化趋势，以便为后期商品布局提供参考依据。在进行需求量变化趋势分析时，可在较大的市场范围内综合采集行业的采购指数以及交易指数。

如图 5-1 是通过阿里指数采集女装毛衣行业的 1688 采购指数，为了进一步验证市场需求量的变化趋势，还可以通过生意参谋采集女装毛衣的交易数据（见图 5-2）。

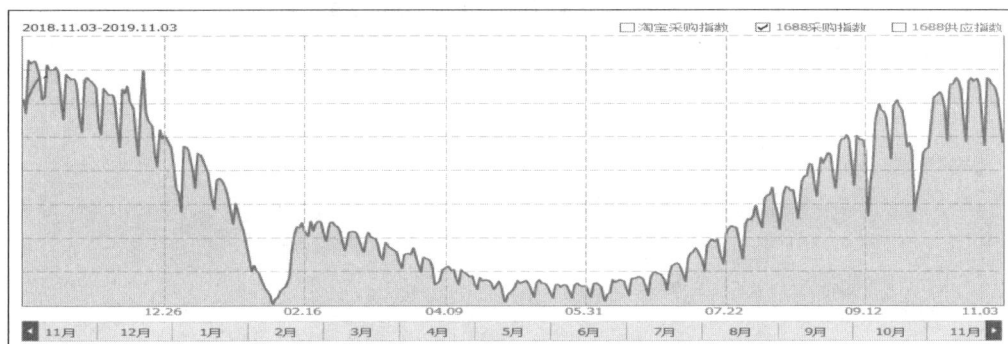

图 5-1　阿里指数采集女装毛衣行业的 1688 采购指数

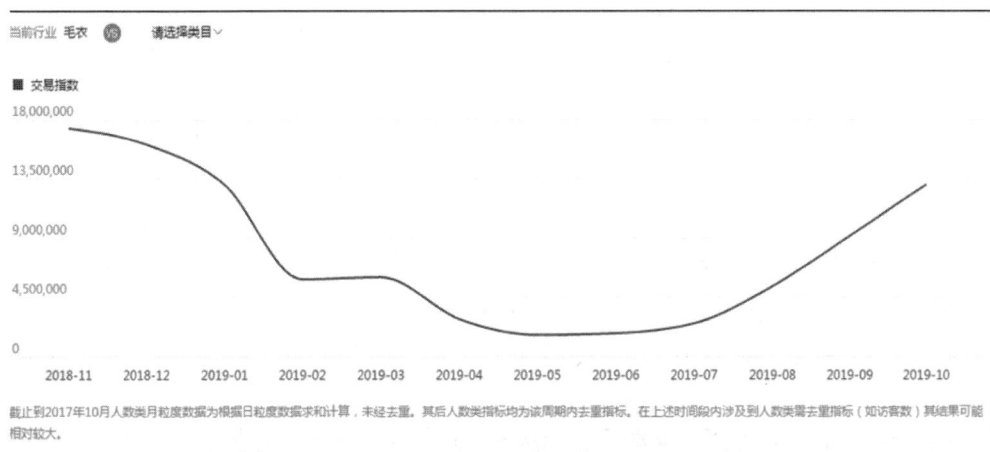

图 5-2　女装毛衣的交易数据

通过两组折线图可以了解到，淘宝网的交易趋势和 1688 市场的采购趋势具有一定的相似性，也是从 7 月市场需求量逐渐进入增长期，10—11 月进入爆发期，随后逐渐进入衰退期，说明女装毛衣行业具有明显的季节性，电商企业在后期运营时需要把控好节奏。

其次是客户品牌偏好分析，品牌偏好是品牌力的重要组成部分，指某一市场中客户对某些品牌的喜爱程度，是对客户品牌选择意愿的了解。品牌偏好是多个因素综合影响客户态度的结果。在进行客户品牌偏好分析时，可通过生意参谋、京东商智等平台工具采集指定行业热销品牌榜数据。品牌偏好是品牌力的重要组成部分，指某一市场中客户对某些品牌的喜爱程度，是对客户品牌选择意愿的了解。品牌偏好是多个因素综合影响客户态度的结果。

在进行客户品牌偏好分析时，可通过生意参谋、京东商智等平台工具采集指定行业热销品牌榜数据。

然后是客户价格偏好分析，市场价格是商品价值的货币表现，通常是指一定时间内某种商品在市场上形成的具有代表性的实际成交价格。市场供求是形成商品价格的重要参数，当市场需求扩大时，商品价格处于上涨趋势，高于价值；当供求平衡时，价格相对稳定，符合价值；当需求萎缩时，商品价格趋跌，低于价值。

最后是客户属性偏好分析，品牌之外，商品属性偏好同样影响客户的选择，继续以女装毛衣为例，通过阿里指数综合分析 1688 市场女装毛衣的热门属性，可以间接了解到客户对女装毛衣在风格、领型、面料等方面表现出的属性偏好（见图 5-3）。

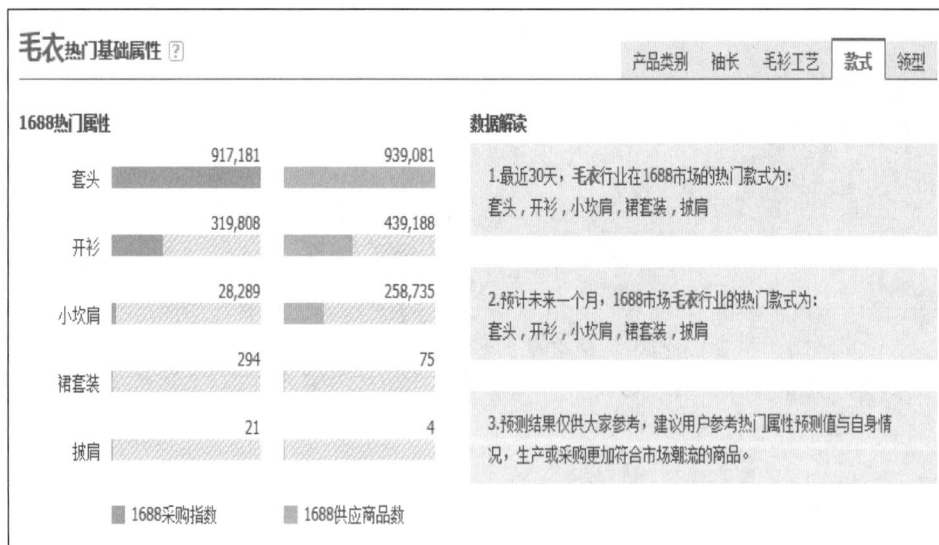

图 5-3　1688 市场女装毛衣的热门属性分析

1688 市场的客户属性偏好数据为预测结果，可以进行参考，但不够准确，还需要结合电商企业所在平台进一步明确客户属性偏好，如可通过淘宝网生意参谋中女装毛衣的属性洞察，分别了解客户在功能、厚薄、图案、尺码等方面的偏好。

③ 目标客户分析。

目标客户，是指需要电商企业的产品或服务，并且有购买能力的客户，是企业提供产品、服务的对象。目标客户是电商企业营销及销售的前端，确定了目标客户的属性，才能进一步展开具有针对性的营销举措。

• 目标客户年龄分析（见图 5-4）。女装毛衣的性别指向已经非常清晰，但目标客户搜索人气高的年龄段对于电商企业商品布局非常重要。电商企业可选定搜索人气高的某个年龄段，结合选定年龄段客户所表现出的个性化需求，并综合市场需求中提炼出的客户属性偏好，安排商品的设计生产或通过第三方市场进行采购。

• 目标客户职业分析。年龄之外，目标客户的职业分析也不容忽视，职业场景对服装风格具有一定的影响，如图 5-5 所示为女装毛衣搜索人气高的职业，分别为公司职员、学生等，与目标客户集中的年龄段具有一定的重合，可为电商企业在选定商品风格时提供参考。

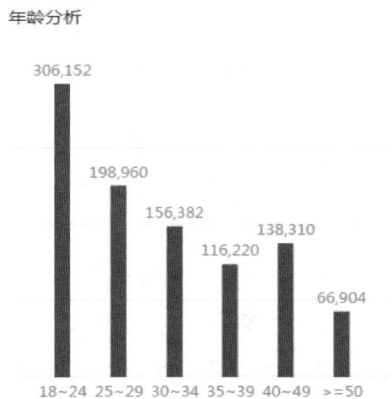

图 5-4　年龄分析

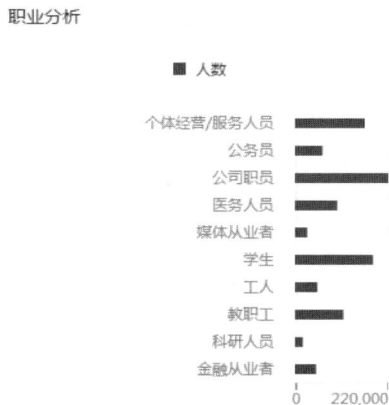

图 5-5　职业分析

• 目标客户地域分布分析。即目标客户集中的地域，图 5-6 所示为生意参谋中搜索人气高的地域，有了这样的信息，电商企业就可以思考：这些地区的用户搜索量这么大，是否应该根据这些地区的天气特点及用户特点来进行选款和营销推广。

排名	省份	搜索人气	
1	山东省	17,239	
2	江苏省	15,538	
3	河南省	14,773	
4	浙江省	13,558	
5	四川省	13,138	
6	广东省	12,913	
7	河北省	12,531	
8	安徽省	9,921	
9	北京	9,721	
10	辽宁省	9,634	

图 5-6　地域分析

（3）竞争数据分析。

了解了行业的整体状况，还需要纵深下去，识别并分析竞争对手。在信息透明的互联网时代，所谓市场容量大、竞争小的市场很少有，甚至可以说几乎不存在，对此，需要积极投入到竞争环境中，通过比较明确自身企业在同行业中的位置，了解自身的优势，也需找出自身和竞争对手的差距，并积极进行改善。

竞争对手是指对电商企业发展可能造成威胁的任何企业，具体是指与本企业生产销售同类商品或替代品，提供同类服务或替代服务，以及价格区间相近，目标客户类似的相关企业。

如何识别竞争对手：

- 争夺人力资源。即抢夺同一个类型的人力资源，如本企业运营人员、美工人员、客服人员等。
- 争夺客户资源。即争夺客户资源是竞争对手最本质的表现。

销售同品类商品或服务。即所谓的同业竞争，是最直接的竞争对手，如可口可乐与百事可乐。

- 销售替代类商品或服务。即是指非同类但是属于可替代，同样构成竞争关系。
- 销售互补类商品或服务。互补商品是指两种商品之间互相依赖，形成互利关系，例如牙膏和牙刷。
- 争夺营销资源。在同时段、同一媒介投放广告的其他企业就是竞争对手。
- 争夺生产资源。争夺同一类生产资源的企业间形成竞争关系。
- 争夺物流资源。电子商务离不开物流，争夺物流资源的情况时常发生，这些企业互为竞争对手。

电商企业在识别竞争对手时，可通过 4 种方法展开：

方法 1：通过关键词识别竞争对手。

根据自身所在的电商平台，搜索经营品类相似的卖家，更具体的还可以根据店铺宝贝的属性进一步精确竞争对手。比如店铺宝贝多以雪纺为主就可以在搜索页面输入"雪纺连衣裙"进行圈定。

方法 2：通过目标人群识别竞争对手。

通过目标人群也能够有效识别竞争对手。比如同为"女装毛衣"，但 20～29 周岁与 60 周岁以上人群是完全不同的竞争体系，可以通过设定"适用年龄"来进行识别。

方法 3：通过销量及商品单价识别竞争对手。

以销量和单价为维度在电商平台搜索页面找出相关卖家，然后找到店铺商品所在的排位，圈定销量或商品单价最接近的店铺作为竞争对手。

方法 4：通过推广活动圈定竞争对手。

根据自身店铺参与的平台线上活动或开展的促销活动，圈定参与同类型推广活动并且销售品类相近的卖家为竞争对手。

3. 微观数据分析

微观数据分析可分为 4 个方面，分别是运营数据分析、客户数据分析、销售数据分析、推广数据分析。

（1）运营数据分析。

对企业运营过程中和最终成效上产生的信息数据进行分析，从中总结运营规律和效果的过程。运营数据分析的结果可以用来指导运营人员调整和优化运营策略。

运营数据包含了客户数据和销售数据分析，以及推广数据分析。

（2）客户数据分析。

需要进行客户数据分析，包括客户特征分析、客户忠诚度分析、客户行为分析。

① 客户特征分析。客户特征分析最终要为营销服务，因此客户特征分析前，首先需要明确营销需求，在了解企业营销需求的前提下，选择合适的维度和指标展开分析，为企业提供有价值的客户特征分析结果，使企业利用有限的内部资源有针对性地展开营销活动，从而获得更多的目标客户。

电子商务企业在营销过程中，需要核心考虑的营销需求主要有四个：引流、转化、复购率、客单价。

完成客户特征分析后，企业可以根据客户特征分析的结果，进行营销优化和产品结果优化。

② 客户忠诚度分析。也叫客户黏度，是指借助企业产品或服务的质量、价格等因素的影响，使客户对企业产品或服务产生情感，形成长期重复购买的程度。对客户的忠诚程度进行分析，从而了解客户对企业的态度、满意度等情况，为客户忠诚度的提升提供指导。

客户忠诚度分析的目的就是检验企业客户忠诚度管理的成果，并及时优化客户忠诚度管理办法。同时及时识别出忠诚客户，对这些客户进行有针对性的营销和维护，让更多的客户成为企业忠诚客户，拉动企业销量，提升企业品牌知名度和美誉度。

③ 客户行为分析。客户行为是客户为满足自己的某种需求，选择、购买、使用、评价、处理产品或服务过程中产生的心理活动和外在行为表现。客户行为分析是对这一过程中产生的数据进行分析，发现客户行为特点和规律的过程。

电子商务企业客户行为分析，可以从客户行为路径中拉取出客户黏性指标、客户活跃指标、客户产出指标这三个维度的指标。

客户行为分析可以使用 5W2H 分析法，该分析方法包括 5W：What，Why，Who，Where，When；2H :How to do，How much。

客户行为偏好分析，可以使用 5W2H 方法，具体执行如下：

客户产品偏好分析；客户购物时间偏好分析；完成客户购买时间分析后，分析客户为什么购买产品（Why）、购买产品的是谁（Who）及客户购买地点（Where）；客户花费金额（How much）、客户购买形式（How to do）分析。

（3）销售数据分析。

销售数据分析包括交易数据分析、服务数据分析。

① 交易数据分析。

a. 爆款分析。

爆款宝贝是指网店里的销量很高，甚至供不应求的商品。爆款属于网店的促销活动。在如今的网购环境下，爆款宝贝在扮演着"催化剂"的角色，爆款宝贝在最短时间内给网店带去大量的相当高的流量和成交转化率。

淘宝卖家可以把客户的购买过程作为打造爆款宝贝的切入点。爆款的具体表现形式就是高流量、高曝光量、高成交转化率；一款爆款商品能够在特定时间内为店铺带来大量的流量；中小卖家通常会借助各种购物网站官方的促销活动打造爆款商品。

b. 客单价分析。

客单价是每一个用户在一定周期内，平均购买商品的金额，即平均交易金额。影响客单价的因素包括：

- 商品定价。

商品定价的高低基本上决定了客单价的多少，在实际销售中客单价只会在商品定价的一定范围内上下浮动。

- 促销优惠。

在大型促销优惠的过程中，客单价的高低取决于优惠的力度。另外，基于优惠力度的多少，包邮的最低消费标准的设置，对客单价也有重要影响。

- 关联营销。

店铺一般会在商品详情页推荐相关的购买套餐，同时加入其他商品的链接。这是一种关联销售，起到了互相引流的作用。

- 购买数量。

购买数量会因商品类目的属性不同而不同。定价不同的商品，买家花费的时间成本与操作成本是不同的。

② 服务数据分析。

a. 店铺整体评价数据。

在淘宝平台会有卖家服务评级（Detail Seller Rating，DSR），DSR主要指的是其动态评分系统，主要分为描述、服务和物流，并会给出各项得分在行业内的表现情况（见图5-7）。

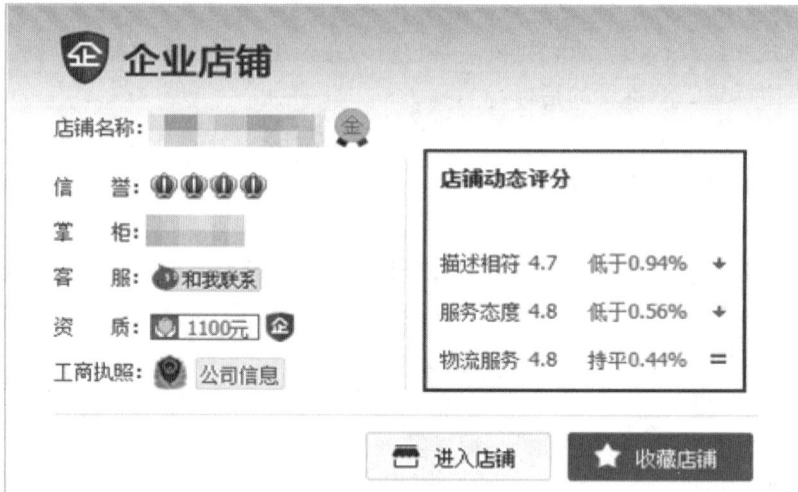

图 5-7　店铺 DSR 评分

b. 客户服务数据。

客户服务考核指标可以分为5个部分：

- 咨询转化率。

咨询转化率是指所有咨询客服并产生购买行为的人数与所有咨询客服总人数的比值在直接层面上，咨询转化率会影响整个店铺的销售额，在间接层面上，咨询转化率将会影响买家对店铺的黏性以及回头率，甚至是整个店铺的品牌建设和持续发展。

- 支付率。

支付率是支付宝成交总笔数与下单总笔数的比值。支付率直接影响网店利润，同时网店支付率在一定程度上也会影响网店排名。订单支付率是衡量网店利润的指标之一，同时又和客服人员 KPI 考核息息相关。

- 落实客单价。

落实客单价是指在一定的周期内，客服个人的客单价与网店客单价的比值。落实客单价直接把客服个人客单价与网店客单价联系起来，掌柜可以很直观地看出整个团队中的水平，更容易及时发现问题，有利于整个团队 KPI 的提升。

- 响应时间。

响应时间是指当买家咨询后，客服回复买家的时间间隔。当买家通过阿里旺旺咨询客服，表明买家对该宝贝比较感兴趣，客服响应时间就会影响宝贝的成交转化率，如果客服的响应时间短、回复专业、态度热情，那么，将会大大提升宝贝的成交转化率。

- 售后退货率。

售后退货率能直接反映出客服的服务质量，当客服与买家沟通的时候，应该注意一定的方式与技巧，结合买家的喜好推荐商品。淘宝客服 KPI 复合模型从多方面对客服进行考核，不仅仅是个人的业绩能力，更是团队协作能力、工作态度等多方面指标，能够更加透彻地反映出目前客服团队存在的问题。

（4）推广数据分析。

进行推广数据分析，包括推广渠道分析、关键词推广分析、活动推广效果分析、内容运营分析。

① 推广渠道分析。

推广渠道可以有免费的和付费的。

免费流量包括站内免费流量和站外免费流量，站内免费流量指通过企业平台获取的流量，比如平台购物车、产品推荐等。站外免费流量主要是各大知名网站带来的，如论坛、微博等。

付费流量的特点是流量大，效果好，相较于免费流量，更容易获取大批的流量，缺点是需要较高成本的投入。在进行付费流量结构分析时，除了需要分析浏览量、访客数、点击量、成交订单数之外，还需要分析投资回报率。

公式如下：费用比=投入费用/销售金额×100%

回报率=销售金额/投入费用×100%

② 关键词推广分析。

电子商务平台上，客户通过关键词查找所需的商品而产生的流量往往在店铺整体流量中占据很大的比重，因为搜索即入口，通过优化关键词、投放关键词广告，就能提升产品的曝光机会。在企业电子商务经营活动中，最常见的关键词推广方式即淘宝/天猫直通车。

在进行关键词推广效果分析过程中，其分析的流程通常是：展现量、点击（率）、花费、投入产出比。

通常情况下，直通车推广展现量、点击率、转化率越高，能够为企业带来的订单也就越多，所以企业可以通过以下几种方法提升关键词推广效果：

- 展现量优化：展现量是商品被展示的次数；

- 点击率优化：点击率是很多卖家加入直通车的主要目的；
- 图片优化；
- 转化率优化。

③ 活动推广效果分析。

根据活动实施周期，我们可以将活动划分为筹备期、蓄水期、预热（售）期、活动引爆期、总结复盘期。

活动推广效果分析的目的是通过对活动数据进行分析，发现活动中存在的问题和可参考的经验，总结活动流程、推广渠道、客户兴趣等内容，方便后续活动推广策略的优化。

活动推广流量分析是判断推广效果的核心要素，是对推广活动为企业带来的流量情况进行分析，主要的分析指标有：访客数、成交订单数、成交占比、成交额、投入成本、成交额、投资回报率等。

活动推广转化分析是对获取到的流量转化为收藏、加购、订单等状态的数据进行分析，是衡量活动推广效果的关键要素。活动推广转化分析主要的分析指标有：访客数、收藏数、加购数、成交订单数、收藏转化率、加购转化率、支付转化率等。

活动推广拉新分析是对因活动带来的新客户数据进行分析，其分析的前提是需要先完成企业活动推广流量和转化分析，在此基础上将活动中的新客户单独拉出并对其相关数据进行分析。活动拉新推广分析主要的分析指标有：访客数、新访客数、新访客占比等。

活动推广留存分析是在活动结束一段时间后，对因活动成为企业粉丝客户的相关数据进行分析，这部分粉丝客户的共同表现是：在活动结束后仍在企业发生重复购买行为。活动推广留存分析的主要指标有：访客数、留存访客数、留存访客占比等。

④ 内容运营分析。

内容运营分析，即对电子商务平台内及平台外其他内容渠道的发布情况统计并分析。包括内容的展示、转化、传播、推广等维度，内容浏览人数、内容互动次数、引导进店人数、引导付款金额及增粉人数等核心指标。借助内容分析，可以有效地对内容形式及推广方式等进行评估并优化。

内容运营需要监控的数据指标：

- 展示数据：属于基础数据，是一个直观的效果反馈，用来展示内容被点击、查阅的情况。包括覆盖人群、推荐量、阅读量、阅读次数等。

- 转化数据：属于投入与回报数据，用于判断内容是否能够促进用户的转化，包括页面广告的点击次数、支付人数、支付金额等。

- 传播数据：属于分享数据，用来表明内容的质量、趣味性等特征，检测数据主动转发、传播的情况。

- 渠道数据：用来衡量渠道投放质量、效果，它由产品的特性和受众人群定位所决定。内容可在多个平台进行推送，通过多平台的数据分析，确定目标用户集中地和喜欢的内容。

一般成熟的内容投放平台都具备数据统计功能，运营人员可以通过平台配套的数据分析工具进行分析。如淘宝平台可以借助生意参谋，微博可以借助后台的数据助手，也可以借助第三方数据分析工具完成内容运营数据分析。

3. 电子商务数据分析工具

数据分析，是指选择合适的统计分析方法和思路，从大量的原始数据中抽取出有价值的信息，并对数据加以详细研究和概括总结的过程。数据分析不是一劳永逸的，产品在不断迭代，业务在不断更新，从认知到决策，数据更多的是起着辅助作用。

订单状态数据通常是按照一定的时间进行划分，显示某一时间段内的各种订单情况，订单状态数据主要包括：新客户、老客户、未付款客户、付款客单价和全部订单金额。

订单时间数据主要针对一周或某一天的订单数据进行分析。

销售额数据主要包括：总销售额、新客户销售额和回头客销售额 3 种。

关联订单就是购买某一关联商品所产生的订单。做好网站的关联销售，不仅能降低网站的跳出率，而且还能有效提升客户转化率，以此达到网站利益最大化的目的。

数据分析最关键的就是工具，再好的数据分析方法也需要分析工具来支撑。选择什么分析工具跟工作岗位、分析场景息息相关，每种场景都有若干种工具可以选择。图 5-8 汇总了一些常用的数据分析工具，供大家参考使用。

应用领域	适用工具
数据采集	Python、Google Analytics、数极客等
数据清洗	Excel、SQL、Hives、Hadoop等
数据可视化	Excel、Echart、PowerBI、Tableau等
统计分析	Excel、Python、SAS、Stata、Eviews等

图 5-8　常见数据分析工具

在数据分析的过程当中，Excel 是最常见的使用工具，我们首先给大家介绍一下。

（1）Excel 分析工具库。

Excel 分析工具库是在数据分析阶段常用的一款分析工具。其与 Excel 无缝结合，操作简单、容易上手；具有聚合多种统计函数，其中部分工具在生成输出结果表格时，同时还能生成相应图表，有助于对统计结果的理解，提高分析效率，大幅降低出错概率。

Excel 分析工具库在使用前需要进行加载安装。具体操作如下：

① 单击"文件"→"选项"，弹出"Excel 选项"对话框，如图 5-9（a）所示。

② 单击"加载项"→"管理"→"Excel 加载项"，单击"转到"按钮，弹出"加载项"对话框，如图 5-9（b）所示。

③ 选中"分析工具库"，若要包含分析工具库的 VBA 函数，则同时选中"分析工具库—VBA"，单击"确认"按钮，即可完成加载安装。

④ 安装完成后，重启 Excel 软件，单击"数据"→"分析"→"数据分析"，可以弹出"数据分析"对话框，如图 5-9（c）。

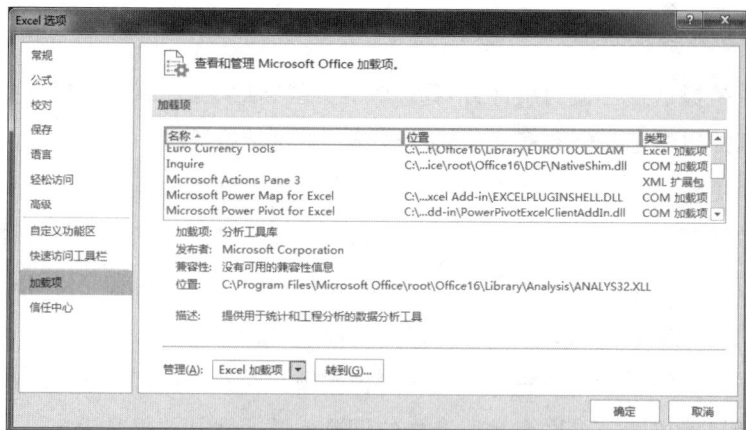

（a）"Excel 选项"对话框

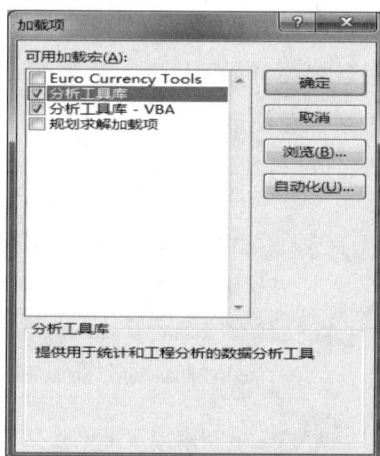

（b）"加载项"对话框

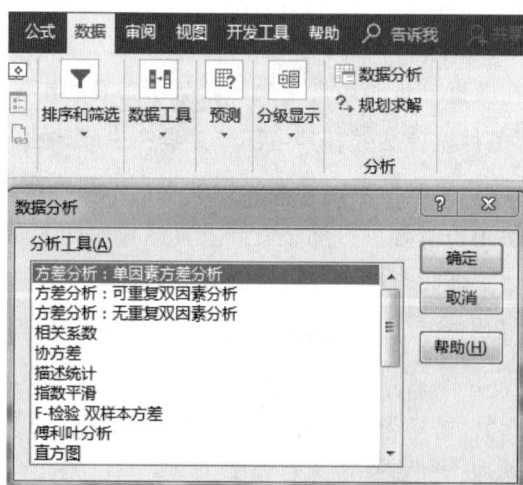

（c）"数据分析"对话框

图 5-9　安装 Excel 分析工具库

（2）描述性统计。

数据分析描述性统计可以从集中趋势、离散趋势和分布形态三方面来描述。

① 描述集中趋势的统计分析。

集中趋势是指一组数据向其中心值靠拢的倾向和程度。它反映了一组数据中心点的位置所在。

集中趋势测度是寻找数据水平的代表值或中心值。

描述集中趋势的统计指标有：算术平均数，几何平均数，调和平均数，加权平均数，众数和中位数等。

② 描述离散趋势的统计分析。

离散程度是反映了各变量值远离其中心值的程度，是数据分布的一个重要特征，说明了集中趋势测度值的代表程度。

数据的离散程度越大，集中趋势测度值对该数据的代表性越差。反之亦然。

描述离散程度的统计指标有：方差，标准差和四分位差等。

方差（样本方差）是每个样本值与全体样本值的平均数之差的平方值的平均数。方差越大，数据的波动越大；方差越小，数据的波动就越小。

$$\delta^2 = \frac{\sum (X - \mu)^2}{N}$$

其中，δ^2 为总体方差，X 为变量，μ 为总体均值，N 为总体例数。

标准差（Standard Deviation）是方差的算术平方根，用 σ 表示。标准差能反映一个数据集组内个体间的离散程度。平均数相同的两组数据，标准差未必相同。

$$\sigma(\gamma) = \sum_{i=1}^{N} (x_i - \gamma)^2$$

③ 描述分布形态的统计量。

分布形态是指数据分布的形状是否对称、偏斜的程度以及分布的扁平程度。

描述分布形态的统计指标有：偏度和峰度等。

偏度（skewness）也称为偏态、偏态系数，是统计数据分布偏斜方向和程度的度量，是统计数据分布非对称程度的数字特征。

$$s_k = (\overline{x} - M_0)/\sigma$$

偏度（skewness）也称为偏态、偏态系数，是统计数据分布偏斜方向和程度的度量，是统计数据分布非对称程度的数字特征。

偏度越大，数据的偏斜程度越大。

偏度为 0 时，数据为对称分布，如图 5-10（b）所示。

偏度为正值时，称分布具有正偏离，也称正偏态，此时数据位于均值右边的比位于左边的少，如图 5-10（a）所示。

偏度为负值时，称分布具有负偏离，也称负偏态，此时数据位于均值左边的比位于右边的少，如图 5-10（c）所示。

（a）正偏态　　　　　　（b）正态　　　　　　（c）负偏态

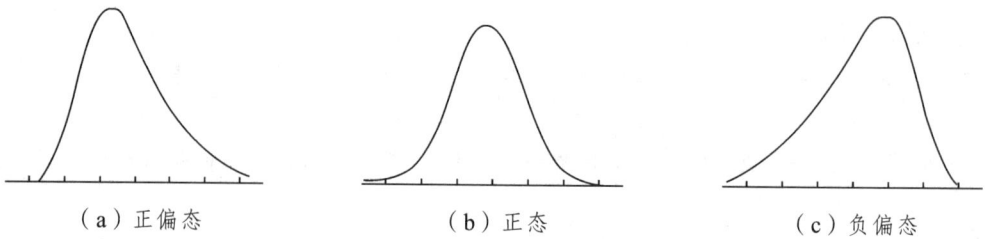

图 5-10　分布状态图

峰度（Kurtosis）是与偏度类似，是描述总体中所有取值分布形态陡缓程度的统计量。这个统计量需要与正态分布相比较，峰度的绝对值数值越大表示其分布形态的陡缓程度与正态分布的差异程度越大。

峰度为 0 表示该总体数据分布与正态分布的陡缓程度相同。

峰度大于 0 表示该总体数据分布与正态分布相比较为陡峭，为尖顶峰。

峰度小于 0 表示该总体数据分布与正态分布相比较为平坦，为平顶峰。

④ 利用 Excel 分析工具库完成描述统计。

• 完成 Excel 分析工具库加载后，在弹出的数据分析框中选择描述统计即可弹出描述统计分析界面，如图 5-11 所示。

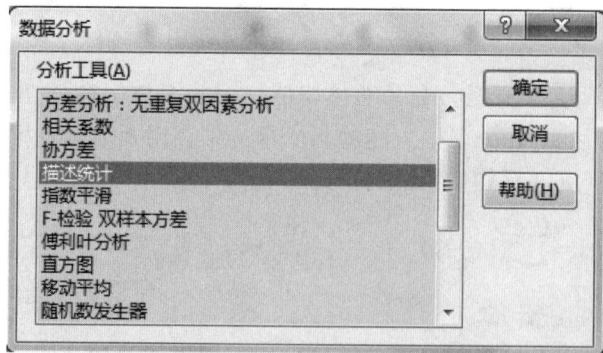

图 5-11　Excel 数据分析工具库选择描述统计

• 按分析需要设置描述统计相关输出数值，点击确定，如图 5-12 所示。

图 5-12　设置描述统计输入输出

- 在输出区域显示输出结果，如图 5-13 所示。

	A	B	C	D	E	F	G
3	苹果	890	1000	800	860	750	1100
4	香蕉	600	500	450	680	720	800
5	西瓜	300	200	400	500	800	1000
6	甘蔗	800	850	600	450	300	200
7	葡萄	450	300	500	450	600	800
8	橘子	320	250	350	560	230	450
9	水蜜桃	500	300	360	450	850	780
10	菠萝	500	320	450	460	350	450
11							

	一月	二月	三月	四月	五月	六月
14 平均	545	465	488.75	551.25	575	697.5
15 标准误差	74.49832213	105.8638	52.79467	52.38721	86.99343	107.8483
16 中位数	500	310	450	480	660	790
17 众数	500	300	450	450	#N/A	800
18 标准差	210.7130751	299.428	149.3259	148.1734	246.0546	305.041
19 方差	44400	89657.14	22298.21	21955.36	60542.86	93050
20 峰度	-0.611173432	-0.08499	2.168156	2.037304	-1.89637	-0.79558
21 偏度	0.624526416	1.203761	1.482207	1.613571	-0.41735	-0.38823
22 区域	590	800	450	410	620	900
23 最小值	300	200	350	450	230	200
24 最大值	890	1000	800	860	850	1100
25 求和	4360	3720	3910	4410	4600	5580
26 观测数	8	8	8	8	8	8
27 置信度(95)	176.1605392	250.3281	124.8395	123.8761	205.7068	255.0206

图 5-13　描述统计结果展示

扫描二维码学习微课视频：描述统计分析操作演示。

描述统计分析操作演示

（3）方差分析。

① 方差分析的定义。

方差分析（Analysis of Variance）用于两个及两个以上样本均数差别的显著性检验。

一个复杂的事物，其中往往有许多因素互相制约又互相依存。方差分析的目的是通过数据分析找出对该事物有显著影响的因素，各因素之间的交互作用，以及显著影响因素的最佳水平等。

方差分析方法是从观测变量的方差入手，研究诸多控制变量中哪些变量是对观测变量有显著影响的变量。

② 方差分析分类。

根据所涉及的自变量个数，方差分析中可以分为单因素方差分析和多因素方差分析。

单因素方差分析是指对单因素试验结果进行分析，检验因素对试验结果有无显著性影响的方法。

单因素方差分析是两个样本平均数比较的引申，它是用来检验多个平均数之间的差异，从而确定因素对试验结果有无显著性影响的一种统计方法。例如不同浇水量对家里绿萝生长的影响、不同的省的日照差异对人的寿命的影响、不同工作时长对人情绪的影响，等等。

多因素方差分析：是指对两个及以上因素试验结果进行分析，用来分析多个因素的不同水平对结果是否有显著影响，以及多因素之间是否存在交互效应。

多因素方差分析有两种类型：

无交互作用的双因素方差分析，假定因素 A、因素 B、因素 C……的效应之间是相互独立的，不存在相互关系。

有交互作用的双因素方差分析，假定因素 A、因素 B、因素 C……的结合会产生出一种新的效应。比如，分析家电产品品牌因素和地区因素对销量的影响，如果品牌和地区对销售量的影响是相互独立的，分别判断品牌和地区对销售量的影响，则为无重复多因素方差分析。如果考虑品牌和地区对销售量的影响是相互作用的，则为可重复多因素方差分析。

可重复多因素方差分析与不可重复多因素方差分析的区别：

- 通常调查者对多个因素都兴趣；
- 每个因素的每组值都不止一个观察值；
- 因素之间的相互作用的不同组合可能带来不同影响。

③ 利用 Excel 分析工具库完成方差分析。

- 完成 Excel 分析工具库加载后，在弹出的数据分析框中选择描述统计即可弹出方差分析界面，如图 5-14 所示。

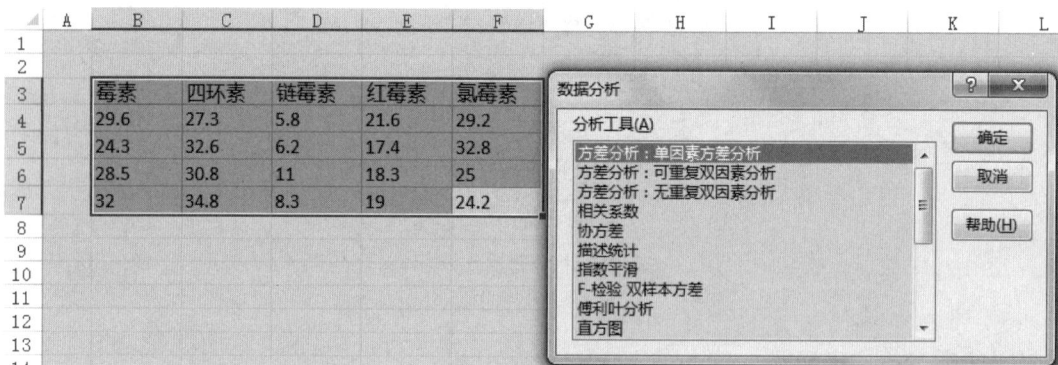

图 5-14　Excel 数据分析工具库选择方差分析

- 按分析需要设置描述统计相关输出数值，点击确定，如图 5-15 所示。

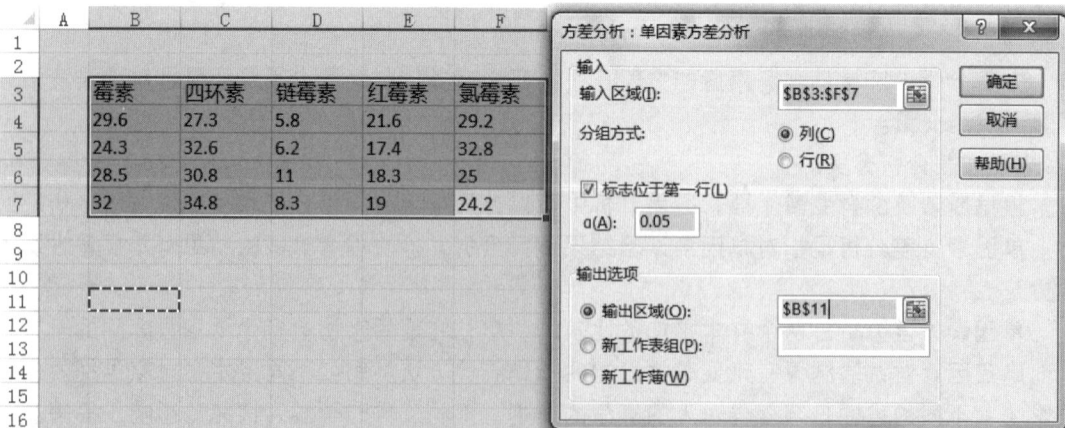

图 5-15　设置方差分析参数

- 在制定输出区域显示输出结果，如图 5-16 所示。

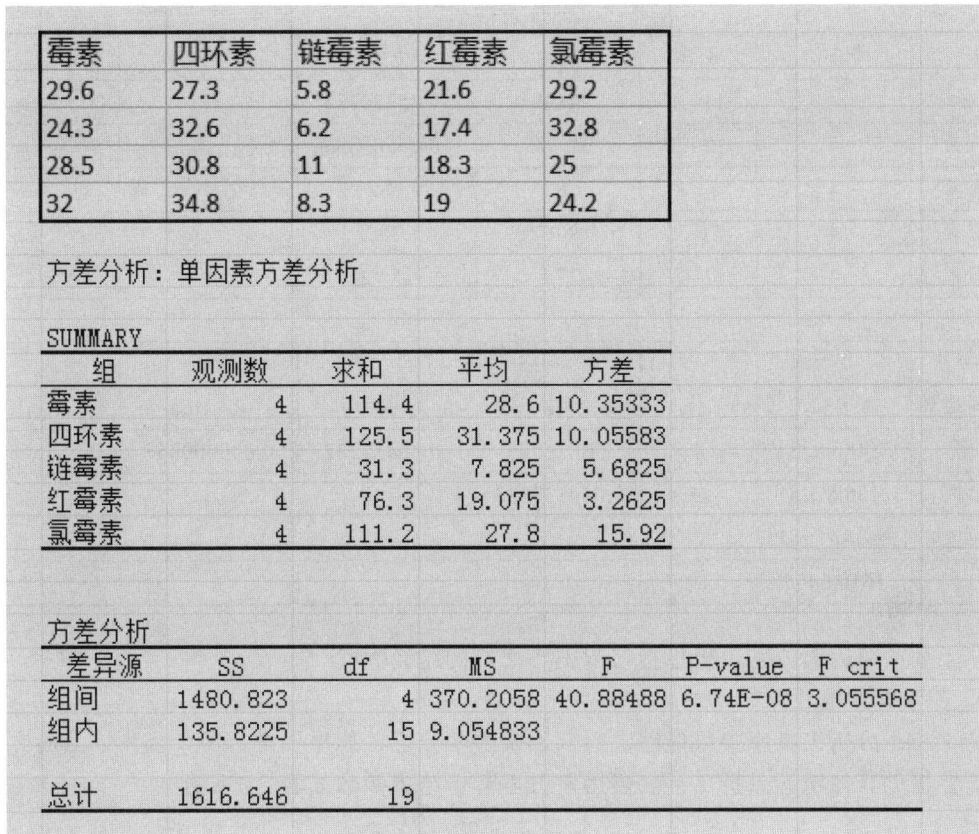

霉素	四环素	链霉素	红霉素	氯霉素
29.6	27.3	5.8	21.6	29.2
24.3	32.6	6.2	17.4	32.8
28.5	30.8	11	18.3	25
32	34.8	8.3	19	24.2

方差分析：单因素方差分析

SUMMARY

组	观测数	求和	平均	方差
霉素	4	114.4	28.6	10.35333
四环素	4	125.5	31.375	10.05583
链霉素	4	31.3	7.825	5.6825
红霉素	4	76.3	19.075	3.2625
氯霉素	4	111.2	27.8	15.92

方差分析

差异源	SS	df	MS	F	P-value	F crit
组间	1480.823	4	370.2058	40.88488	6.74E-08	3.055568
组内	135.8225	15	9.054833			
总计	1616.646	19				

图 5-16　方差分析结果展示

④ 方差分析指标解读。

a. 单因素方差分析。

单因素方差分析结果参数和参数展示如表 5-1 和表 5-2 所示。

表 5-1　单因素方差分析结果参数

	平方和	自由度	均方差	F 值	P 值	F 临界值
组间方差	SSA	K-1	MSA	MSA/MSB		
组内方差	SSB	n-K	MSB			
总方差	SSC	n-1				

通常情况下，当 P 值 ≤ 0.01 时，则表示有极显著的差异；当在 0.01 和 0.05 之间时，表示有显著差异；当该值 ≥ 0.05 时，表示没有显著差异。另外，通过 F 值也可以判断差异显著性，当 F ≥ Fcrit 时，表示有显著差异。

表 5-2　单因素方差分析结果参数展示

总结					
组	观测数	求和	平均	方差	
霉素	4	114.4	28.6	10.35333333	
四环素	4	125.5	31.375	10.05583333	
链霉素	4	31.3	7.825	5.6825	
红霉素	4	76.3	19.075	3.2625	
氯霉素	4	111.2	27.8	15.92	
方差分析					
差异源	SS	df	MS	F	P-value	F crit
组间	1480.823	4	370.20575	40.88487732	0.000000067	3.055568276
组内	135.8225	15	9.054833333			
总计	1616.6455	19				

从上面的单因素方差分析指标可以得出怎样的结论呢？

b. 多因素方差分析。

在 Excel 分析工具库中只能够进行双因素方差分析，如果要进行两个因素以上的方差分析，需要借助其他统计分析工具。多因素方差分析结果参数如表 5-3 所示。

表 5-3　多因素方差分析结果参数

误差来源	平方和	自由度	均方差	F 值	P 值	F 临界值
行因素	SSA	$K-1$	MSA	MSA/MSB		
列因素	SSB	$n-1$	MSC	MSC/MSB		
交互因素	SSAB	$(K-1)(n-1)$	MSAB	MSAB/MSB		
误差	SSF	$K_n(m-1)$	MSB			
总和	SSE	$X-1$				

扫描二维码学习微课视频：描述单因素方差分析和双因素方差分析操作演示。

单因素方差分析和双因素方差分析操作演示

（4）回归分析。

① 回归分析的定义。

回归分析（regression analysis）是确定两种或两种以上变量间相互依赖的定量关系的一种统计分析方法。

按照涉及的变量的多少，分为一元回归和多元回归分析；

按照因变量的多少，可分为简单回归分析和多重回归分析；

按照自变量和因变量之间的关系类型，可分为线性回归分析和非线性回归分析。

② 回归分析的变量。

因变量：通常是实际问题中所关心的一类指标，用 Y 表示。

变量：影响因变量取值的另一类变量，用 X 来表示。

③ 回归分析基本步骤。

a. 确定变量。

明确预测的具体目标，即因变量。通过市场调查和查阅资料，寻找与预测目标的相关影响因素，即自变量，并从中选出主要的影响因素。

如预测具体目标是下一年度的销售量，那么销售量 Y 就是因变量。

b. 回归分析建立预测模型。

依据自变量和因变量的历史统计资料，建立回归分析方程，即回归分析预测模型。

c. 回归分析进行相关分析。

回归分析是对具有因果关系的影响因素（自变量）和预测对象（因变量）所进行的数理统计分析处理。只有当自变量与因变量确实存在某种关系时，建立的回归方程才有意义。因此，作为自变量的因素与作为因变量的预测对象是否有关，相关程度如何，以及判断这种相关程度的把握性多大，就成为进行回归分析必须要解决的问题。进行相关分析，一般要求出相关关系，以相关系数的大小来判断自变量和因变量的相关的程度。

d. 回归分析计算预测误差。

回归预测模型是否可用于实际预测，取决于对回归预测模型的检验和对预测　误差的计算。回归方程只有通过各种检验，且预测误差较小，才能将回归方程作为预测模型进行预测。

e. 回归分析确定预测值。

利用回归预测模型计算预测值，并对预测值进行综合分析，确定最后的预测值。

④ 回归分析注意事项。

a. 确定变量之间是否存在相关关系。如果变量之间不存在相关关系，对这些变量应用回归预测法就会得出错误的结果。

b. 用定性分析判断现象之间的依存关系。

c. 避免回归预测的任意外推。

d. 应用合适的数据资料。

⑤ 利用 Excel 分析工具库完成回归分析。

在 Excel 分析工具库中仅支持线性回归，如果是其他回归模型，则需要转化为线性回归。比如多项式回归，增加一个变量 x1 的平方，或者 x1*x2 即可。

a. 完成 Excel 分析工具库加载后，在弹出的数据分析框中选择描述统计即可弹出回归分析界面，如图 5-17 所示。

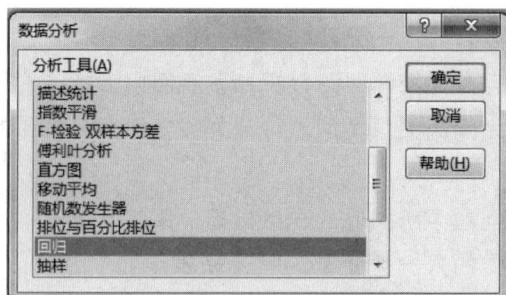

图 5-17　Excel 数据分析工具库选择回归分析

b. 按分析需要设置描述统计相关输出数值，点击确定，如图 5-18 所示。

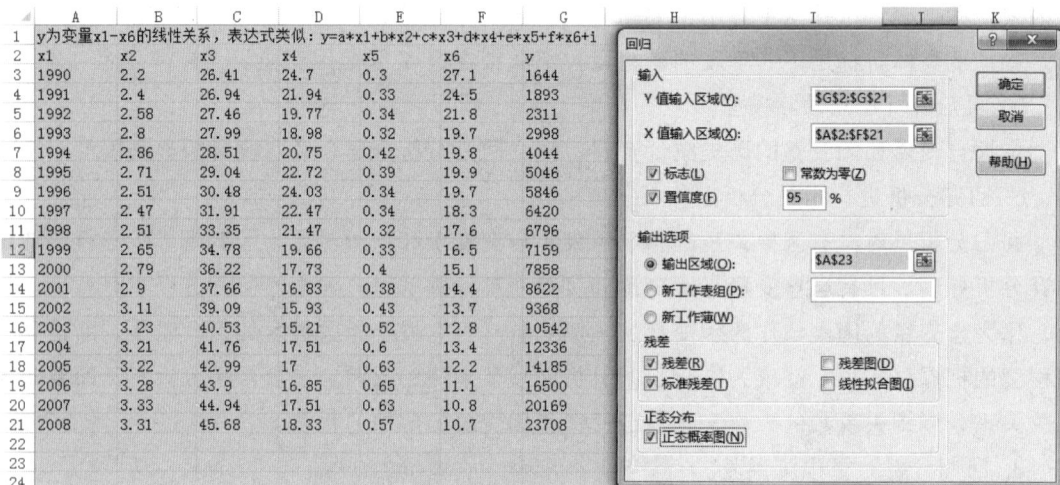

图 5-18　设置回归分析参数

c. 在输出区域显示输出结果（见表 5-4、表 5-5 ）。

表 5-4　回归分析结果展示

SUMMARY OUTPUT					
回归统计					
Multiple R	0.9777941				
R Square	0.9560814				
Adjusted R Square	0.9341221				
标准误差	1588.0474				
观测值	19				
方差分析					
	df	SS	MS	F	Significance F
回归分析	6	658801263	109800210	43.538778	1.861E-07
残差	12	30262735	2521894.6		
总计	18	689063998			

表 5-5　回归分析结果展示

Intercept	Coefficients	标准误差	t Stat	P-value	Lower 95%	Upper 95%	下限 95.0%	上限 95.0%
	5876597.40	6716755.80	0.87	0.40	− 8757956.00	20511151.00	− 8757956.24	20511151.05
x1	− 3014.11	3394.62	− 0.89	0.39	− 10410.35	4382.14	− 10410.35	4382.14
x2	14757.64	5692.03	2.59	0.02	2355.77	27159.51	2355.77	27159.51
x3	2886.31	2048.37	1.41	0.18	− 1576.70	7349.32	− 1576.70	7349.32
x4	2170.22	1073.72	2.02	0.07	− 169.22	4509.65	− 169.22	4509.65
x5	− 19320.68	12705.10	− 1.52	0.15	− 47002.72	8361.36	− 47002.72	8361.36
x6	− 1198.29	1676.53	− 0.71	0.49	− 4851.14	2454.57	− 4851.14	2454.57

⑥ 回归分析指标解读。

a. 第一个表格回归统计。

Multiple R：相关系数，一般在 − 1~1 之间，绝对值越靠近 1 则相关性越强，越靠近 0 则相关性越弱。

R square：相关系数的平方，表达自变量解释因变量变异的程度，以测定 y 的拟合效果。

Adjusted R Square：调整后的 R square，说明自变量能说明因变量百分比，和 B 的区别在于，通常一元回归的时候看 B 项多，而多元回归时候看 C 项多；一元回归即自变量只有一个，多元回归即自变量有多个，本例是有 6 个自变量。

标准误差：用来衡量拟合程度的大小，也用于计算与回归相关的其他统计量，此值越小，说明拟合程度越好。

更多的时候需要看 Adjusted R Square，因为很多情况下人为增加自变量，R square 就会变大，但 Adjusted R Square 不会。

表 5-6　回归分析表格 1 结果展示

回归统计	
Multiple R	0.9777941
R Square	0.9560814
Adjusted R Square	0.9341221
标准误差	1588.0474
观测值	19

b. 第二个表格方差分析。

Significance F（F 显著性统计量）的 P 值，以统计常用的 0.05 显著水平为例，这个值小于 0.05，则 F 检验通过，说明整体回归方程显著有效。如果在回归分析的界面填写的置信度是 99%，则需要这个值小于 0.01。

F 检验用来检验总体回归关系的显著性，F 检验的原假设是所有回归系数都等于 0，所以 F 检验通过的话说明模型总体存在，F 检验不通过，其他的检验就不能做，因为模型所有参数不显著异于 0，相当于模型不存在。

表 5-7　回归分析表格 2 结果展示

方差分析					
	df	SS	MS	F	Significance F
回归分析	6	658801263	109800210	43.538778	1.86095E-07
残差	12	30262735	2521894.61		
总计	18	689063998			

c. 第三个表格。

Coefficients（回归系数）：intercept 对应截距项，即常数项 i，之后依次是每个自变量的系数（a-f）。

t stat：T 检验中统计量 t 值，用于对模型参数的检验。

通常一元回归可以看 F 检验或者回归统计基本能支撑判断，但对于多元线性回归，t 检验就不可缺省了。

P-value：T 检验对应的 P 值。

t 检验可以检验各个回归系数显著性，原假设是对应的系数为 0。如果各个回归系数对应的 T 检验的 P 值大于 0.05，则说明该系数可以为 0，即对应的自变量与因变量没有直接相关关系，可以在回归方程中去掉相应项。

表 5-8　回归分析表格 3 结果展示

	Coefficients	标准误差	t Stat	P-value	Lower 95%	Upper 95%	下限 95.0%	上限 95.0%
Intercept	5876597.40	6716755.77	0.87	0.40	− 8757956.24	20511151.05	− 8757956.24	20511151.05
x1	− 3014.10	3394.62	− 0.89	0.39	− 10410.35	4382.14	− 10410.35	4382.14
x2	14757.64	5692.03	2.59	0.02	2355.77	27159.51	2355.77	27159.51
x3	2886.31	2048.37	1.41	0.18	− 1576.70	7349.32	− 1576.70	7349.32
x4	2170.22	1073.72	2.02	0.07	− 169.22	4509.65	− 169.22	4509.65
x5	− 19320.68	12705.10	− 1.52	0.15	− 47002.72	8361.36	− 47002.72	8361.36
x6	− 1198.28	1676.53	− 0.71	0.49	− 4851.14	2454.57	− 4851.14	2454.57

扫描二维码学习微课视频：回归分析。

回归分析

（5）相关分析。

① 相关分析定义。

相关分析是研究两个或两个以上处于同等地位的随机变量间的相关关系的统计分析方法。

相关分析是研究现象之间是否存在某种依存关系，并对详细有依存关系的现象探讨其相关方向以及相关程度，是研究随机变量之间的相关关系的一种统计方法。

相关关系是一种非确定性的关系，比如，以 X 和 Y 分别记一个人的身高和体重，则 X 与 Y 显然有关系，而又没有确切到可由当中的一个去精确地决定还有一个的程度，这就是相关关系。

按相关的程度分为完全相关、不完全相关和不相关；

按相关的方向分为正相关和负相关；

按相关的形式分为线性相关和非线性相关；

按影响因素的多少分为单相关和复相关。

② 相关分析与回归分析之间的区别。

回归分析侧重于研究随机变量间的依赖关系，以便用一个变量去预测另一个变量，关心的是一个随机变量 Y 对另一个（或一组）随机变量 X 的依赖关系的函数形式。

相关分析侧重于发现随机变量间的种种相关特性，所讨论的变量的地位一样。例如，以 X、Y 分别记小学生的数学与语文成绩，感兴趣的是二者的关系如何，而不在于由 X 去预测 Y。

③ 相关系数定义。

相关系数是研究变量之间线性相关程度的量，用以反映变量之间相关关系密切程度（见图 5-19）。取值范围：$[-1，1]$。

符号：如果为正号，则表示正相关，如果为负号，则表示负相关。通俗点说，正相关就是变量会与参照数同方向变动，负相关就是变量与参照数反向变动。

取值为 0，这是极端，表示不相关。

取值为 1，表示完全正相关，而且呈同向变动的幅度是一样的。

如果为 -1，表示完全负相关，以同样的幅度反向变动。

注意：相关系数接近于 1 的程度与数据组数 n 相关。

当 n 较小时，相关系数的波动较大，对有些样本相关系数的绝对值易接近于 1；当 n 较大时，相关系数的绝对值容易偏小。

特别是当 $n=2$ 时，相关系数的绝对值总为 1。

因此在样本容量 n 较小时，仅凭相关系数较大就判定变量 x 与 y 之间有密切的线性关系是不妥当的。

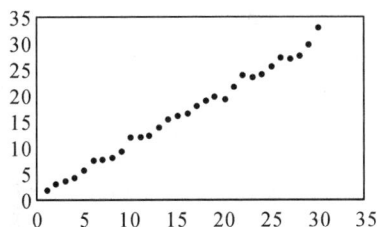

相关系数为 r_1 ，相关系数为 r_2

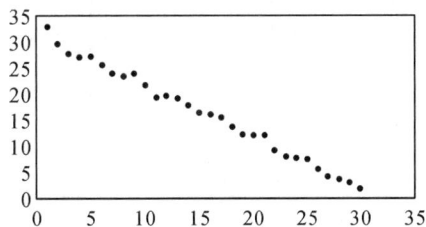

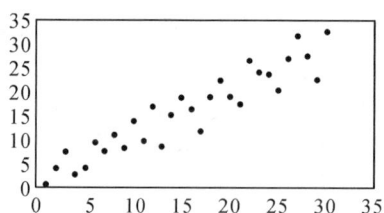

图 5-19 相关系数关系图

④ 利用 Excel 分析工具库完成相关分析。

完成 Excel 分析工具库加载后，在弹出的数据分析框中选择描述统计即可弹出相关分析界面，如图 5-20 所示。

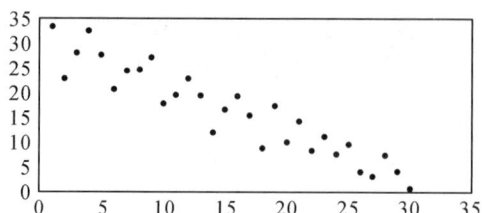

图 5-20 Excel 数据分析工具库选择相关系数分析

按分析需要设置描述统计相关输出数值，点击确定，如图 5-21 所示。

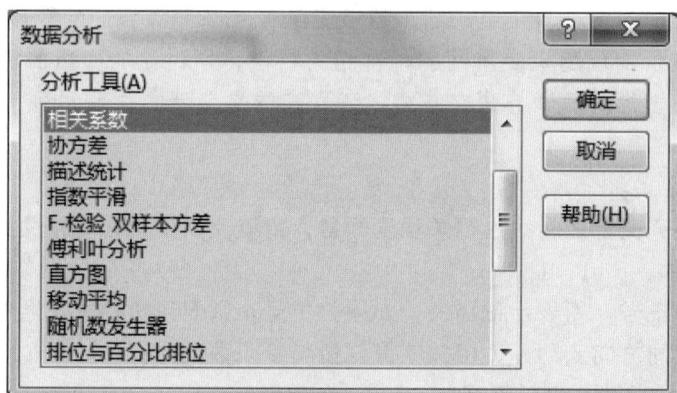

图 5-21 设置相关系数分析参数

在输出区域显示输出结果（见表 5-9）。

表 5-9 相关系数结果展示

	广告投入	月均销售额
广告投入	1	
月均销售额	0.994198376	1

（6）时间序列分析。

① 时间序列定义。

时间序列是按时间顺序排列的一组数字序列。

特点：现实的、真实的一组数据，不是由数理统计实验所得到，能够反映某一现象的统计指标。因而，时间序列背后是某一现象的变化规律。

② 时间序列分析定义。

时间序列分析（Time-Series Analysis）就是将经济发展、购买力大小、销售变化等同一变数的一组观察值，按时间顺序加以排列，构成统计的时间序列，然后运用一定的数字方法使其向外延伸，预计市场未来的发展变化趋势，确定市场预测值。

时间序列分析法的主要特点是以时间的推移研究来预测市场需求趋势，不受其他外在因素的影响。

③ 时间序列分析特点。

以时间的推移研究来预测市场需求趋势，不受其他外在因素的影响，观测值通常不独立，分析时必须考虑数据的时间顺序。

④ 时间序列分析分组。

长期趋势变化：受某种基本因素的影响，数据依时间变化时表现为一种确定倾向，它按某种规则稳步地增长或下降。

季节性周期变化：受季节更替等因素影响，序列依一固定周期规则性的变化，又称商业循环。

循环变化：周期不固定的波动变化。

随机性变化：由许多不确定因素引起的序列变化。

⑤ 时间序列分析主要用途。

系统描述：根据对系统进行观测得到的时间序列数据，用曲线拟合方法对系统进行客观的描述。

系统分析：当观测值取自两个以上变量时，可用一个时间序列中的变化去说明另一个时间序列中的变化，从而深入了解给定时间序列产生的机理。

预测未来：一般用 ARMA 模型拟合时间序列，预测该时间序列未来值。

决策和控制：根据时间序列模型可调整输入变量使系统发展过程保持在目标值上，即预测到过程要偏离目标时便可进行必要的控制。

⑥ 时间序列分析一般假定。

a. 假设事物发展趋势会延伸到未来。

b. 预测所依据的数据具有不规则性。

c. 不考虑事物发展之间的因果关系。

⑦ 时间序列分析基本步骤。

用观测、调查、统计、抽样等方法取得被观测系统时间序列动态数据。

分析时间序列：根据动态数据作相关图，进行相关分析。

相关图能显示出变化的趋势和周期，并能发现跳点和拐点。跳点是指与其他数据不一致的观测值。如果跳点是正确的观测值，在建模时应考虑进去，如果是反常现象，则应把跳点调整到期望值。拐点则是指时间序列从上升趋势突然变为下降趋势的点。如果存在拐点，则在建模时必须用不同的模型去分段拟合该时间序列。

求时间序列的长期趋势，并选定近似的数学模式来代表它们。对于数学模式中的诸未知参数，使用合适的技术方法求出其值。

预测未来的长期趋势值，即用通用随机模型去拟合时间序列的观测数据。

⑧ 时间序列分析方法。

a. 移动平均法。

移动平均法是用一组最近的实际数据值来预测未来一期或几期内公司产品的需求量、公司产能等的一种常用方法。

基本思想：

根据时间序列资料、逐项推移，依次计算包含一定项数的序时平均值，通过移动平均消除时间序列中的不规则变动和其他变动，以反映长期趋势的方法。

移动平均法特点：

加大移动平均法的期数（即加大 n 值）会使平滑波动效果更好，但会使预测值对数据实际变动更不敏感。

移动平均值并不能总是很好地反映出趋势。由于是平均值，预测值总是停留在过去的水平上而无法预计会导致将来更高或更低的波动。

需要大量的过去数据记录。

移动平均法适用于即期预测。当产品需求既不快速增长也不快速下降，且不存在季节性因素时，移动平均法能有效地消除预测中的随机波动。

移动平均法根据预测时使用的各元素的权重不同，可以分为：简单移动平均和加权移动平均。

简单移动平均法：简单移动平均的各元素的权重都相等。

加权移动平均法（趋势移动平均法）：给固定跨越期限内的每个变量值以不相等的权重。

原理：历史各期数据信息对预测未来期内的需求量的作用是不一样的。除了以 n 为周期的周期性变化外，远离目标期的变量值的影响力相对较低，故应给予较低的权重。

b. 指数平滑法。

指数平滑法是一种特殊的加权移动平均法。在不舍弃历史数据的前提下，对离预测期较近的历史数据给予较大的权数，权数由近到远按指数规律递减。

指数平滑法根据本期的实际值和预测值，并借助于平滑系数（α）进行加权平均计算，预测下一期的值。它是对时间序列数据给予加权平滑，从而获得其变化规律与趋势。

指数平滑法需要使用阻尼系数（β），阻尼系数越小，近期实际值对预测结果的影响越大；反之，阻尼系数越大，近期实际值对预测结果的影响越小。

α——平滑系数（$0 \leq \alpha \leq 1$）；

β ——阻尼系数（$0 \le \beta \le 1$），$\beta = 1 - \alpha$。

在实际应用中，阻尼系数是根据时间序列的变化特性来选取的。

- 若时间序列数据的波动不大，比较平稳，则阻尼系数应取小一些，如 0.1 ~ 0.3。
- 若时间序列数据具有迅速且明显的变动倾向，则阻尼系数应取大一些，如 0.6 ~ 0.9。

根据具体时间序列数据情况，我们可以大致确定阻尼系数（β）的取值范围，然后分别取几个值进行计算，比较不同值（阻尼系数）下的预测标准误差，选取预测标准误差较小的那个预测结果即可。

⑨ 利用 Excel 分析工具库完成时间序列分析。

a. 移动平均法。

- 完成 Excel 分析工具库加载后，在弹出的数据分析框中选择描述统计即可弹出回归分析界面，如图 5-22 所示。

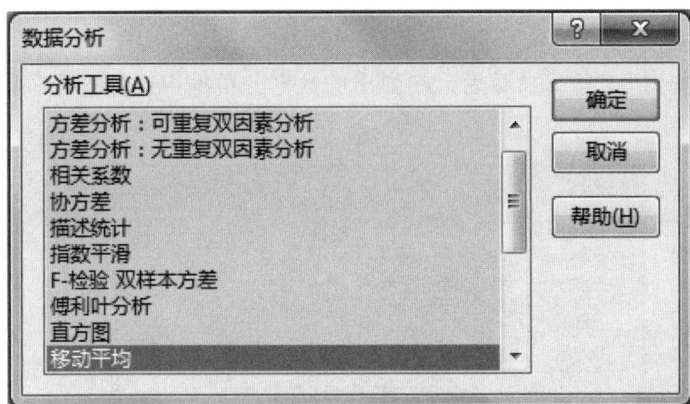

图 5-22　Excel 数据分析工具库移动平均分析

- 按分析需要设置描述统计相关输出数值，点击确定，如图 5-23 所示。

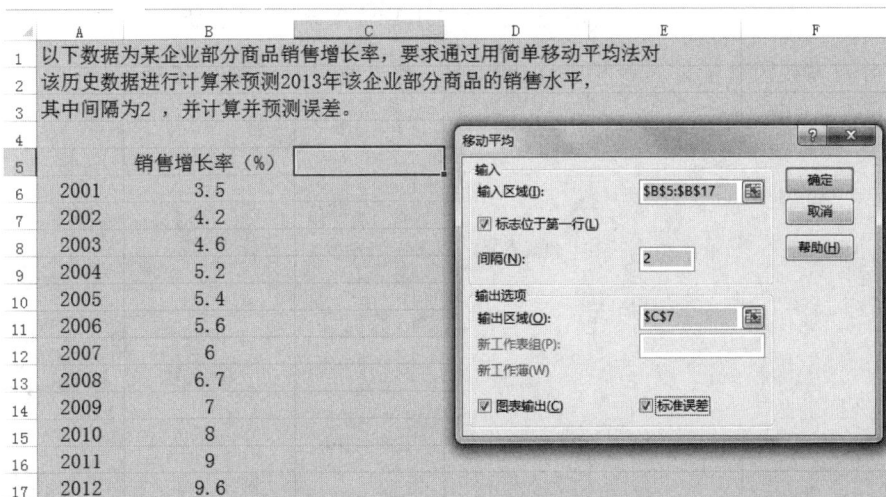

图 5-23　设置移动平均分析参数

- 在制定输出区域显示输出结果，如图 5-24 所示。

	销售增长率（%）		
2001	3.5		
2002	4.2	#N/A	#N/A
2003	4.6	3.85	#N/A
2004	5.2	4.4	0.285043856
2005	5.4	4.9	0.254950976
2006	5.6	5.3	0.223606798
2007	6	5.5	0.1
2008	6.7	5.8	0.158113883
2009	7	6.35	0.285043856
2010	8	6.85	0.26925824
2011	9	7.5	0.369120577
2012	9.6	8.5	0.5
		9.3	0.412310563

图 5-24 移动平均分析结果展示

b. 指数平滑法。

• 完成 Excel 分析工具库加载后，在弹出的数据分析框中选择描述统计即可弹出回归分析界面，如图 5-25 所示。

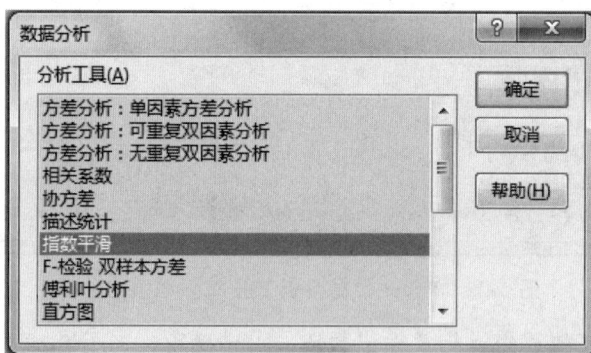

图 5-25 Excel 数据分析工具库选择指数平滑分析

• 按分析需要设置描述统计相关输出数值，点击确定，如图 5-26 所示。

图 5-26 设置指数平滑参数

- 在制定输出区域显示输出结果，如图 5-27 所示。

	销售增长率（%）		
2001	3.5		
2002	4.2	#N/A	#N/A
2003	4.6	3.85	#N/A
2004	5.2	4.4	0.285043856
2005	5.4	4.9	0.254950976
2006	5.6	5.3	0.223606798
2007	6	5.5	0.1
2008	6.7	5.8	0.158113883
2009	7	6.35	0.285043856
2010	8	6.85	0.26925824
2011	9	7.5	0.369120577
2012	9.6	8.5	0.5
		9.3	0.412310563

图 5-27　指数平滑分析结果展示

总结：分析工具库中的统计方法如图 5-28 所示。

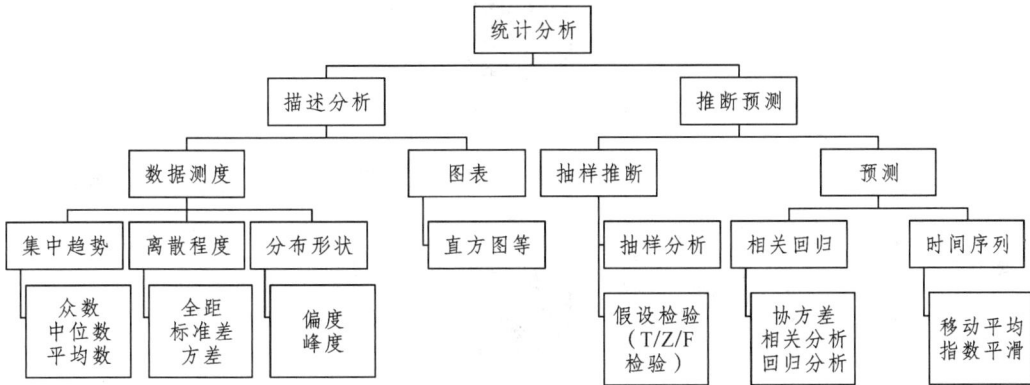

图 5-28　分析工具库中的统计方法

项目练习

一、任务要求

请按照要求完成数据处理各项任务。

二、任务内容

（1）扫描"描述性统计练习源数据"二维码，完成按照月份和水果类别分别进行描述统计。

描述统计练习源数据

（2）扫描"方差分析练习源数据"二维码，按照题目要求完成方差分析并将分析结论写在下面。

方差分析练习源数据

霉素单因素分析结论：

_____

轮胎单因素分析结论：

_____

手机销量多因素分析（无交互作用）结论：

_____

手机销量多因素分析（有交互作用）结论：

（3）扫描"回归分析练习源数据"二维码，按照题目要求完成回归分析并将回归方程式写在下面。

回归分析练习源数据

（4）扫描时间序列分析练习源数据，按照题目要求时间序列分析。

时间序列分析练习源数据

三、任务问题

四、完成结果

一、学习总结

（1）Excel 分析工具库是在数据分析阶段常用的一款分析工具。

（2）数据分析描述性统计可以从集中趋势、离散趋势和分布形态三方面来描述。

（3）方差分析是从观测变量的方差入手，研究诸多控制变量中哪些变量是对观测变量有显著影响的变量。方差分析可分为单因素方差分析和多因素方差分析，其中多因素方差分析又可分为无交互作用的双因素方差分析和有交互作用的双因素方差分析。

（4）回归分析是确定两种或两种以上变量间相互依赖的定量关系的一种统计分析方法。

（5）相关分析是研究两个或两个以上处于同等地位的随机变量间是否存在某种依存关系的统计分析方法。

（6）时间序列分析是将一组观察值，按时间顺序加以排列，构成统计的时间序列，然后运用一定的数字方法使其向外延伸，预计未来的发展变化趋势，确定预测值的统计分析方法。

二、学习提升

1. 职业能力素养培养

党的二十大报告指出，青年强，则国家强。广大青年要坚定不移听党话、跟党走，怀抱梦想又脚踏实地，敢想敢为又善作善成，立志做有理想、敢担当、能吃苦、肯奋斗的新时代好青年，让青春在全面建设社会主义现代化国家的火热实践中绽放绚丽之花。

扫描二维码观看微视频《守山人》，谈谈在数据分析工作中应如何继承和发扬坚持、坚守和坚韧。

《守山人》

2. 1+X 数据处理实战

请按照要求完成店铺服务数据分析。

【任务背景】

随着网络购物的兴起，店铺的客服人员在整个购物流程中扮演了极其重要的角色。客服已经不再是简单的"聊天工具"，而是直接面对买家的销售员。客服人员的咨询转化率的高低对店铺的销售额起到了关键作用。某主营女装的淘宝店铺，现有 3 名客服，管理者为了提高整个客服团队业绩，管理者决定对客服的咨询转化率进行数据的追踪并作为客服 KPI 考核的重点。

【任务分析】

咨询转化率是指所有咨询客服并产生购买行为的人数与所有咨询客服总人数的比值。当买家在访问过程中产生一些疑问，此时，绝大多数的买家会与在线客服进行交流，如果客服解决了买家的相关问题，有一部分买家就会选择购买商品。

【任务操作】

咨询转化率分析，其操作步骤和关键节点展示如下：

步骤 1：查询数据。

根据商品销售平台，确定数据来源。如在淘宝平台进行销售，则在淘宝商家平台上"我的工作台—商家成长"中选择左侧栏的"客服"，即可查询店铺询单转化率。如果店铺购买如赤兔名品等类似客服软件，则可同时了解不同客服的询单及转化情况。

步骤 2：确定采集指标。

此任务中包括了旺旺咨询率、旺旺咨询转化率、访问深度三项关键数据的采集，除此之外还应包括浏览量、访客数等指标。

步骤 3：制作数据采集表。

根据步骤 2 所确定的采集指标制作数据采集表格，如表 5-10 所示。

表 5-10 某店铺的旺旺咨询转化率

日期	浏览量	访客数	访问深度	旺旺咨询率	旺旺咨询转化率
今日	2399	610	2.34	36.22%	16.06%
昨日	1999	553	1.89	29.13%	13.33%
上周同期	2039	400	1.62	25.75%	12.89%
一周日均值	2142	571	1.75	29.56%	13.78%

步骤 4：制作访问深度柱状图。

访问深度是指访客一次性连续访问店铺的页面数，即每次会话浏览的页面数量；平均访问深度是指访客平均每次连续访问店铺的页面数。图 5-29 所示为该店铺的访问深度统计图。

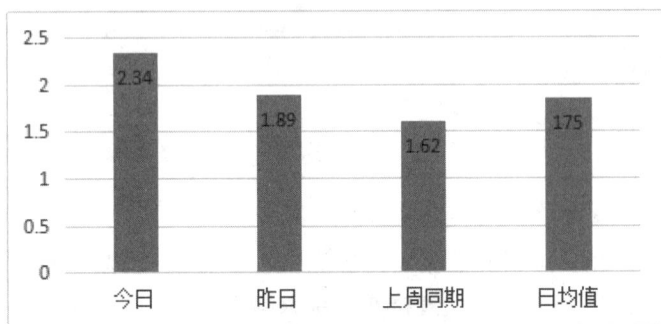

图 5-29 不同日期的访问深度统计图

步骤 5：制作旺旺咨询率和旺旺咨询转化率的变化图。

旺旺咨询转化率是指通过阿里旺旺咨询客服成交的人数与咨询总人数的比值，即：

旺旺咨询率 = 旺旺咨询人数/访客总数

旺旺咨询转化率 = 旺旺咨询成交人数/旺旺咨询总人数

图 5-30 所示为该店铺的旺旺咨询率和旺旺咨询转化率的变化图。从图中可以看出：随着访问深度的变化，旺旺咨询率和旺旺咨询转化率随之变化；访问深度的数值越大，旺旺咨询率和旺旺咨询转化率越大。

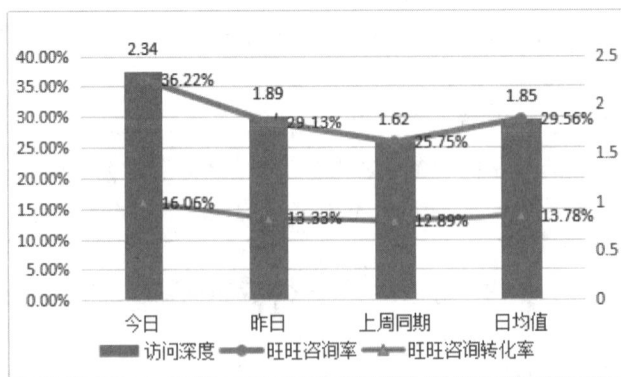

图 5-30 旺旺咨询率和旺旺咨询转化率的变化图

步骤 6：客服 KPI 考核设置。

店铺针对客服 KPI 考核制定的咨询转化率考核表（见表 5-11）。

表 5-11 咨询转化率考核表

KPI 考核指标	计算公式	评分标准	分值	权重
成交转化率（X）	咨询转化率＝成交人数/咨询总人数	$X \geq 41\%$	100	30%
		$38\% \leq X < 41\%$	90	
		$35\% \leq X < 38\%$	80	
		$32\% \leq X < 35\%$	70	
		$28\% \leq X < 31\%$	60	
		$25\% \leq X < 28\%$	50	
		$X < 25\%$	0	

店铺 3 名客服人员最近 30 天的咨询转化率情况如表 5-12 所示：

表 5-12 客服人员成交转化率统计表

客服人员	成交总人数	咨询总人数	成交转化率	得分	权重得分
A	88	275			
B	582	1455			
C	232	800			

结合表 5-12 分别计算出 3 名客服人员的成交转化率以及权重得分，如表 5-13 所示。

表 5-13 客服人员成交转化率统计表

客服人员	成交总人数	咨询总人数	成交转化率	得分	权重得分
A	88	275	32%	70	21
B	582	1455	40%	90	27
C	232	800	29%	60	18

从 3 名客服人员的成交转化率统计表可直接看出：B 客服的成交转化率最高，其次是 A 客服，最后是 C 客服。成交转化率能直接反映出一个客服人员的工作质量。在同等条件下，成交转化率越高，对店铺的贡献越大。

3. 制作思维导图

回顾本次学习任务各知识点，试着动手画一张思维导图。

三、任务评价反馈

四、学习笔记

任务一 项目准备

一、案例引入

新手卖家小王在淘宝网上开店创业后，销量情况并不十分理想。经过同行指点，小王使用数据分析工具——生意参谋对店铺产品进行了行业数据分析。

如图 6-1、图 6-2 所示，小王针对店铺主营的大码女装进行了搜索词分析和搜索用户年龄分析，结果显示：搜索词"休闲少女风穿搭""大码女装""秋款两件套 洋气 减龄"位于搜索词排行榜前三甲；18～24 岁年龄段的用户搜索量遥遥领先。根据分析结果，小王对店铺的关键词进行了优化，重新制定了推广方案，并对店铺产品的结构进行了调整。一段时间后，店铺销量果然得到了飞升。

女装/女士...> 大码女装∨		
搜索词　长尾词　品牌词　核心词　修饰词		
搜索词排行　　热搜　飙升		
搜索词	热搜排名 ⇕	搜索人气 ⇕
休闲少女风穿搭	1	61,213
大码女装	2	46,906
秋款两件套 洋气 减...	3	33,732
女秋装	4	27,738
大码秋装2019年新...	5	21,516
胖mm秋装	6	17,957

图 6-1　搜索词排行

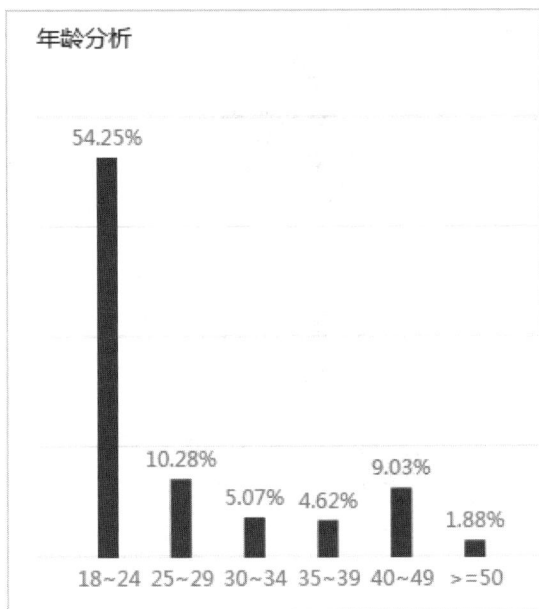

图 6-2　用户年龄分析

【案例思考】

结合案例，思考并回答以下问题:

（1）小王都进行了哪些内容的产品数据分析?

（2）请思考产品数据分析能为企业或店铺带来哪些好处?

二、学习目标

（1）掌握数据展现的定义。

（2）掌握数据表的制作和应用。

（3）掌握数据图的制作和应用。

（4）掌握数据透视表和数据透视图的制作和应用。

三、知识链接

（1）扫描二维码观看数据透视表介绍。

数据透视表介绍

（2）扫描二维码学习微课视频：数据透视表制作演示。

数据透视表制作演示

（3）扫描二维码观看客户分析——客户画像案例。

客户分析——客户画像案例

四、学习内容

1. 数据展现的定义

数据展现是把数据分析的结果用一种可视化方式呈现的过程。一般情况下，数据是通过表格和图形方式来呈现的。

2. 统计表

统计表是用于显示统计数据的基本工具，由纵横交叉线条所绘制的表格来表现统计资料的一种形式。

统计表构成一般由表头（总标题）、行标题、列标题和数字资料四个主要部分组成，必要时可以在统计表的下方加上表外附加。

按分组情况不同，统计表又可以分为简单表、分组表和复合表。

（1）简单表：指总体未经任何分组的统计表（见表6-1）。

（2）分组表：指按一个分组标志对总体进行分组的统计表（见表6-2）。

（3）复合表：指按两个或两个以上标志结合起来对总体进行分组的统计表（见表6-3）。

表 6-1　销售员手机销量统计

销售员 1	销售员 2	销售员 3	销售员 4	销售员 5
46	49	47	40	45
42	39	26	36	40
30	32	42	38	41
36	41	39	45	47

表 6-2　销售员手机销量统计

	销售员 1	销售员 2	销售员 3	销售员 4	销售员 5
一月份	46	49	47	40	45
二月份	42	39	26	36	40
三月份	30	32	42	38	41
四月份	36	41	39	45	47

表 6-3　销售员手机销量统计（2020 年和 2021 年）

	销售员 1	销售员 2	销售员 3
一月份	45	75	30
	50	50	40
二月份	35	65	50
	38	52	46
三月份	47	47	54
	55	38	53

3. 统计图

统计图是利用几何图形或具体形象表现统计资料的一种形式。

它的特点是形象直观、富于表现、便于理解，因而绘制统计图也是统计资料整理的重要内容之一。

统计图可以表明总体的规模、水平、结构、对比关系、依存关系、发展趋势和分布状况等，更有利于统计分析与研究。

Excel 提供以下几大类图表，其中每个大类下又包含若干个子类型。

● 柱形图：用于显示一段时间内的数据变化或说明各项之间的比较情况。在柱形图中，通常沿横坐标轴组织类别，沿纵坐标轴组织数值。

● 折线图：显示随时间而变化的连续数据，通过适用于显示在相等时间间隔下数据的趋势。在折线图中，类别沿水平轴均匀分布，所有的数值沿垂直轴均匀分布。

● 饼图：显示一个数据系列中各项数值的大小、各项数值占总和的比例。饼图中的数据点显示为整个饼图的百分比。

● 条形图：显示各条形数值之间的比较情况。

面积图：显示数值随时间或其他类别数据变化的趋势线。面积图强调数量随时间而变化的程度，也可用于引起人们对总值趋势的注意。

● XY 散点图：显示若干数据系列中各数值之间的关系，或者将两组数字绘制为 XY 坐标的一个系列。散点图有两个数值轴，沿横坐标轴（X 轴）方向显示一组数值数据，沿纵坐标轴（Y 轴）方向显示另一组数值数据。散点图通常用于显示和比较数值。

● 股价图：用来显示股价的波动，也可用于其他科学数据。

● 曲面图：曲面图可以找到两组数据之间的最佳组合。当类别和数据系列都是数值时，可以使用曲面图。

● 雷达图：用于比较几个数据系列的聚合值。

● 树状图：一般用于展示数据之间的层级和占比关系，矩形的面积代表数值的大小、颜色和排列代表数据的层级关系。

● 旭日图：用于展示多层级数据之间的占比及对比关系，每一个圆环代表同一级别的比例数据，离原点越近的圆环级别越高，最内层的圆表示层次结构的顶级。

● 直方图：是数据统计常用的一种图表，它可以清晰地展示一组数据的分布情况，让用户一目了然地查看到数据的分类情况和各类别之间的差异，为分析和判断数据提供依据。

● 箱形图：一种用作显示一组数据分布情况的统计图，图形由柱形、线段和数据点组成，这些线条指示超出四分位点上限和下限的变化程度，处于这些线条或虚线之外的任何点都被视为离群值。

● 瀑布图：用于表现一系列数据的增减变化情况以及数据之间的差异对比，通过显示各阶段的增值或者负值来显示值的变化过程。

下面给大家展示一下常见的集中图表类型。

（1）柱形图。

柱形图是展现数据关系最常用的图形，用于显示各项数据之间的对比、展示趋势、描述等，在柱形图中，通常沿水平轴组织类别，沿垂直轴组织数值（见图 6-3）。

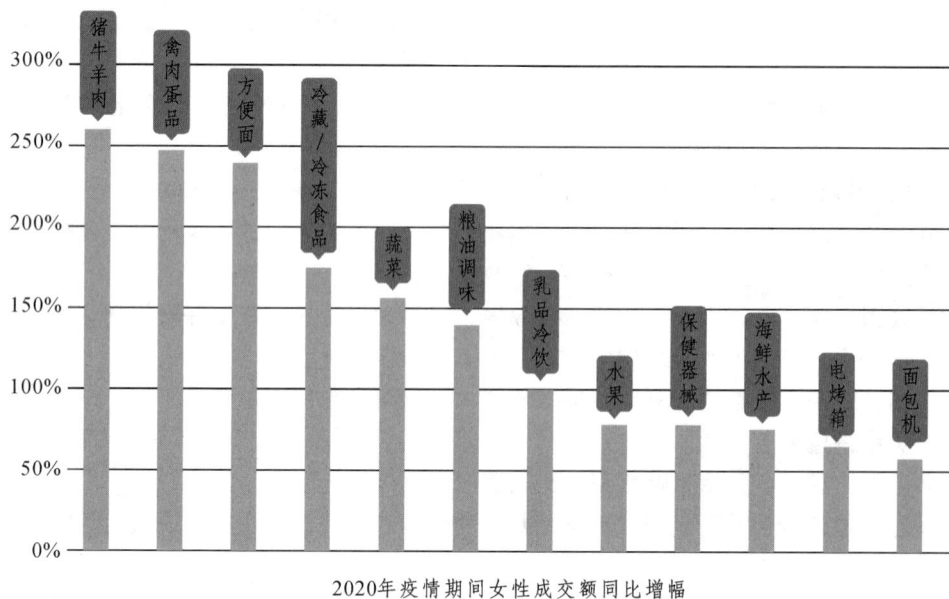

2020年疫情期间女性成交额同比增幅

图 6-3　柱形图示例

（2）条形图。

条形图是用宽度相同的条形的高度或长短来表示数据多少的图形。条形图可以横置或纵置，纵置时也称为柱形图。此外，条形图有简单条形图、复式条形图等形式。

条形图能够使人们一眼看出各个数据的大小，易于比较数据之间的差别（见图 6-4）。

（3）折线图。

折线图是排列在工作表的列或行中的数据绘制到图形中，它可以显示随时间（根据常用比例设置）而变化的连续数据，适用于显示在相等时间间隔下数据的趋势。

在折线图中，类别数据沿水平轴均匀分布，所有值数据沿垂直轴均匀分布（见图 6-5）。

女性消费TOP10省（区、市）：

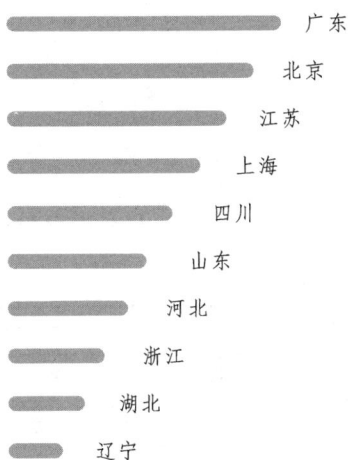

广东
北京
江苏
上海
四川
山东
河北
浙江
湖北
辽宁

女性人均消费TOP10省（区、市）：

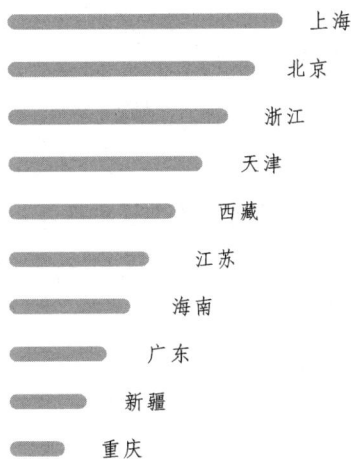

上海
北京
浙江
天津
西藏
江苏
海南
广东
新疆
重庆

图 6-4　条形图示例

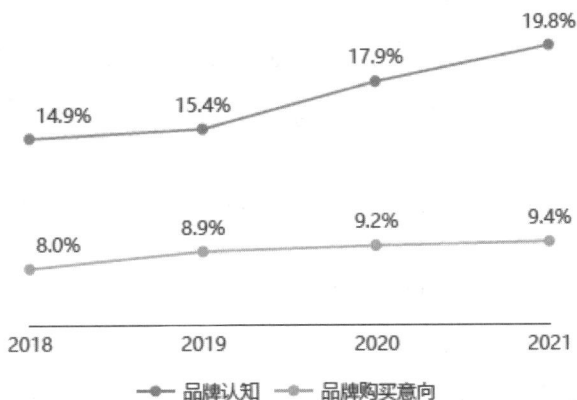

图 6-5　折线图示例（中国全球化品牌 50 强在发达市场的品牌认知度及购买意向）

来源：凯度，艾瑞研究院自主研究及绘制。

（4）饼图。

饼图显示一个数据系列中各项的大小与各项总和的比例。饼图中的数据点显示为整个饼图的百分比（见图 6-6）。

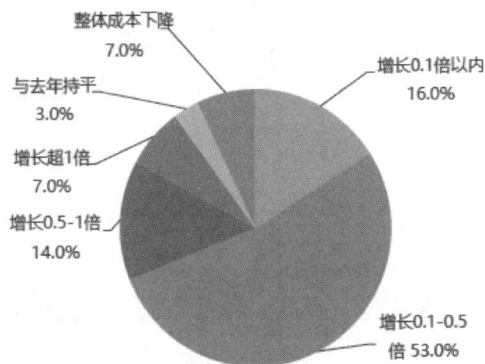

图 6-6　饼状图示例

饼图的使用有一定局限性：
- 仅有一个要绘制的数据系列；
- 要绘制的数值没有负值；
- 各类别分别代表整个饼图的一部分。

2. 图表的创建

2018—2022 年销售额及增长率如表 6-4 所示，现需要使用图表对其进行形象展示。

表 6-4　2018—2022 年销售额及增长率

年份	销售额（万元）	增长率
2018 年	187	28.00%
2019 年	241	28.88%
2020 年	311	29.05%
2021 年	403	29.58%
2022 年	532	32.01%

请使用"三维簇状柱形图"展示 2018—2022 年销售额及增长率，操作步骤如下。
- 选取数据源 A1：C6。
- 鼠标单击"插入"→"柱形图"→"三维簇状柱形图"，相应的图表即会插入到当前工作表，如图 6-7 所示。

2018-2022年销售额及增长率

销售额（万元）　　增长率

图 6-7　插入的图表

（1）图表的基本组成。

图表由图表区、背景墙、坐标轴、标题、数据系列、图例等基本组成部分构成。

（2）更改图表布局和样式。

创建图表后，用户可以更改图表的外观。

① 应用预定义的图表布局和样式（见图6-8、图6-9）。

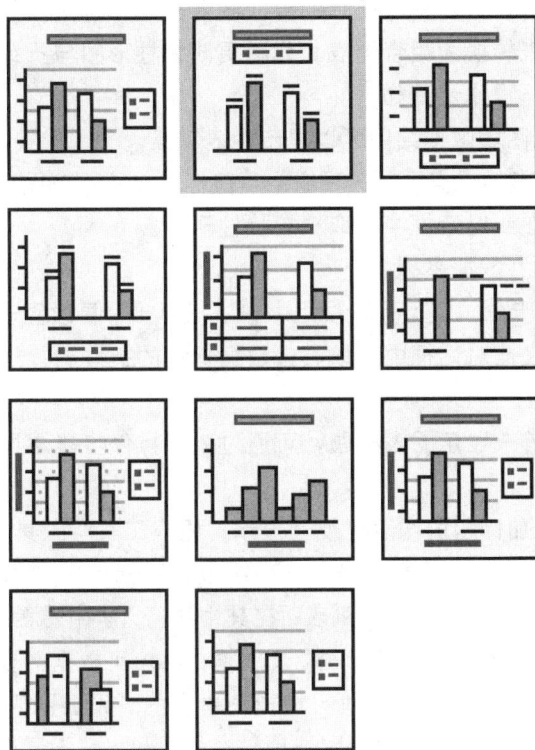

图6-8 "图表布局"选项组的"快速布局"

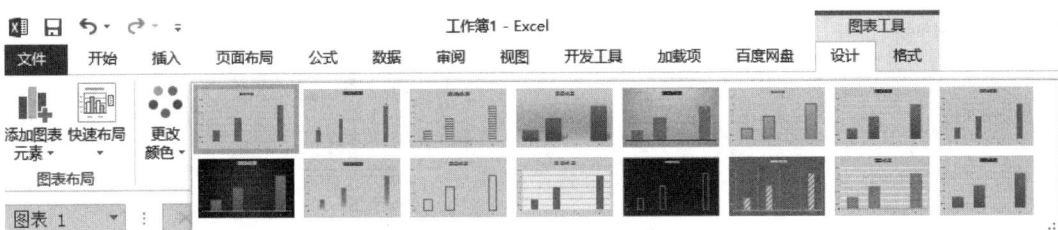

图6-9 图表样式

创建图表后，用户可以更改图表的外观。

② 手动更改图表元素的布局。

单击图表中的任意位置，或单击要更改的图表元素，在"设计"选项卡→"图表布局"选项组→"添加图表元素"，单击与图表元素相对应的图表元素命令。

③ 手动更改图表元素的格式样式。

单击要更改的图表元素，在如图6-10所示的"格式"选项卡上设置样式。

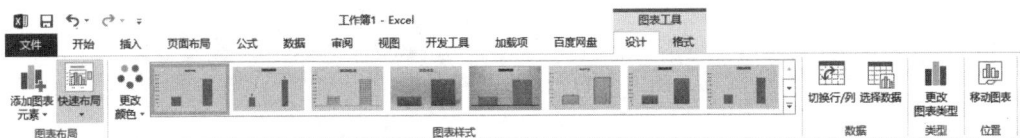

图6-10 "图表布局"选项组的"快速布局"

（3）更改图表类型。

对于大多数二维图表，可以更改整个图表的图表类型，也可以为任何单个数据系列选择另一种图表类型，使图表转换为组合图表。如将更改为柱形图与折线图的组合图，其中"数学"系列用折线图表示，操作步骤如下。

① 鼠标单击图表的图表区或绘图区以显示图表工具。

② 在"设计"选项卡的"类型"选项组中，鼠标单击"更改图表类型"按钮，打开"更改图表类型"对话框，在此对话框中选取"簇状柱形图"。

③ 鼠标单击"数学"数据系列。

④ 在"设计"选项卡的"类型"选项组中，鼠标单击"更改图表类型"按钮，打开"更改图表类型"对话框，在此对话框中选取"带数据标记的折线图"。

（4）添加图表标题。

图表创建完成后，若未显示图表标题，可通过以下操作步骤添加图表标题，使图表易于理解。

① 鼠标单击需要添加标题的图表，使其显示"图表工具"工具栏。

② 在"设计"选项卡的"图表布局"选项组中，鼠标单击"添加图表元素"→"图表标题"命令，弹出如图 6-12 所示的下拉列表，在其中执行"居中覆盖"或"图表上方"命令。

③ 在图表的相应位置出现"图表标题"文本框，用户可根据需要在其中输入图表标题。

④ 在"图表标题"上右击鼠标，执行快捷菜单中的"设置图表标题格式"命令，或在"图表标题"下拉列表中，执行"其他标题选项"命令，弹出"设置图表标题格式"对话框，如图 6-11 所示。此处，为图表设置图表标题"2014—2018 年销售额及增长率"，放置位置为"图表上方"。

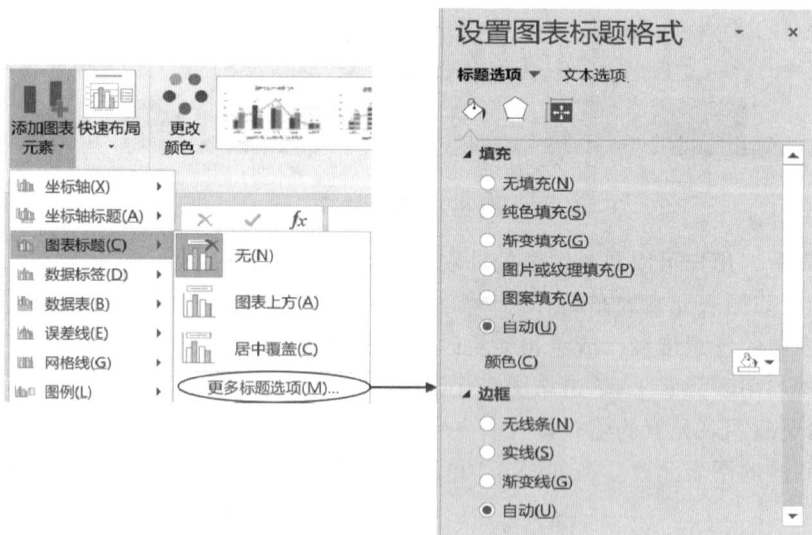

图 6-11　添加图表标题

⑤ 在对话框中，根据需要设置图表标题的填充色、边框颜色、边框样式等。

⑥ 添加坐标轴标题、图例、数据标签等图表元素的操作步骤与上述雷同。

请扫描二维码学习微课视频：图表展示法。

图表展示法

5. 数据透视表和数据透视图

（1）认识数据透视表。

数据透视表（Pivot Table）是一种交互式统计报表，属于动态数据分析工具，能将大量数据快速分类汇总，方便用户浏览、分析、合并和摘要数据。

（2）数据透视表的优点。

快速：针对庞大数据群迅速完成多条件统计。

灵活：根据不同需求统计数据行列变化。

实时：原始数据源变化统计数据随之更新。

请扫描二维码学习微课视频：认识数据透视表。

（3）制作数据透视表的步骤。

认识数据透视表

创建数据透视表与创建图表的方法类似，可以在表格中选择相应的数据区域，再通过插入数据透视表的按钮进行创建；也可以不选择数据区域，直接在插入数据透视表时指定数据源进行创建。下面在"1月份销售明细账"工作簿中创建数据透视表，其具体操作如下。

步骤1：首先全部选中"1月份销售明细账"中的所有数据，左键点击"插入数据透视表"选项，选中源数据，在新工作表或现有工作表的单元格中创建数据透视表如图6-12所示。

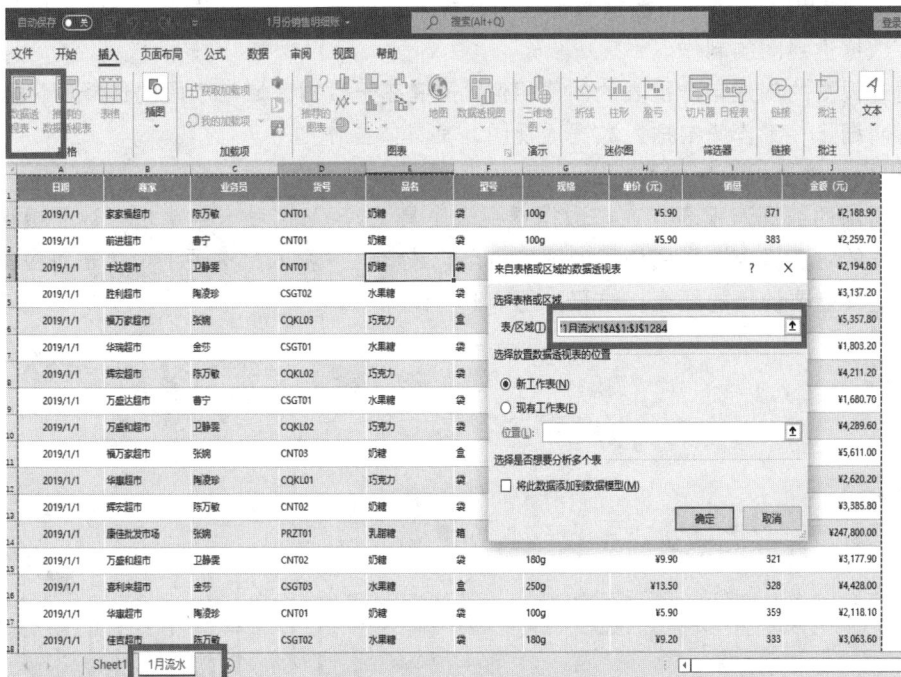

图6-12　1月销售流水

步骤2：打开数据透视表字段列表窗口，分别拖动需要分析的字段项到相应的行标签、列标签、报表筛选和统计数据区域内，如图6-13所示。

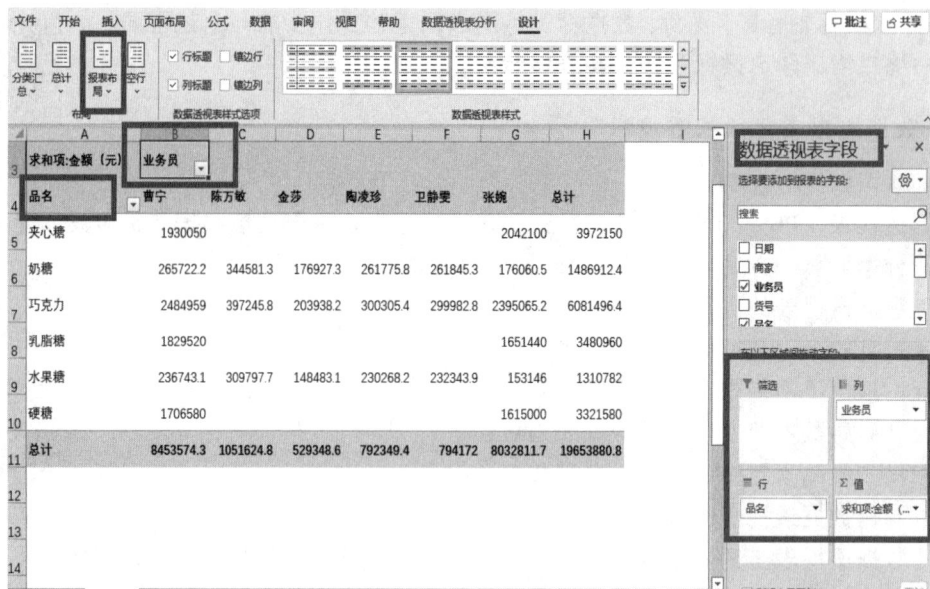

图 6-13   数据透视表

步骤 3：右键点击统计数据项，根据统计需要在弹出的值字段设置窗口中完成统计类型设置。

步骤 4：首先，左键点击数据透视表的行标签、列标签和计数项，直接修改标签名称。

（4）数据透视图的制作。

数据透视图的创建与透视表的创建相似，关键在于数据区域与字段的选择。下面将在"1月份销售明细账"工作簿中插入数据透视图，其具体操作如下。

① 根据数据透视表创建数据透视图。

选中全部的数据透视表，在"数据透视表工具 选项"选项卡中单击"数据透视图"按钮，在打开的对话框中选择要使用的图表类型，或者在"插入"选项卡中单击对应的图表类型按钮，选择需要使用的图表，结果如图 6-14 所示。

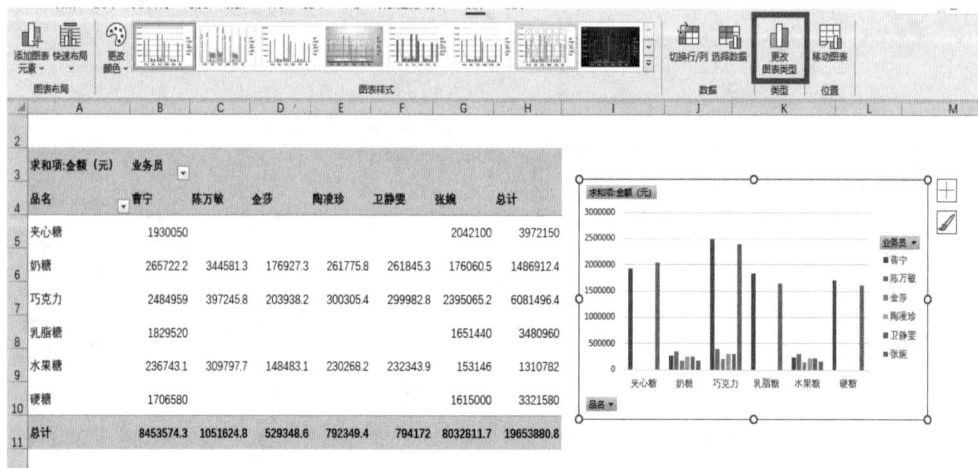

图 6-14   数据透视图——柱状图

② 更改数据透视图的图表类型。

通过数据透视表创建数据透视图时，可以选择任意需要的图表类型。例如，在销售额中直接创建的数据透视图不太理想，需要更改成折线图。主要步骤为，在数据透视图上右击，在弹出的快捷菜单中选择"更改图表类型"，选择"折线图"，单击"确定"按钮，即可看到数据透视图类型为"折线图"，结果如图 6-15 所示。

求和项:金额（元）	业务员						
品名	曹宁	陈万敏	金莎	陶凌珍	卫静雯	张婉	总计
夹心糖	1930050					2042100	3972150
奶糖	265722.2	344581.3	176927.3	261775.8	261845.3	176060.5	1486912.4
巧克力	2484959	397245.8	203938.2	300305.4	299982.8	2395065.2	6081496.4
乳脂糖	1829520					1651440	3480960
水果糖	236743.1	309797.7	148483.1	230268.2	232343.9	153146	1310782
硬糖	1706580					1615000	3321580
总计	8453574.3	1051624.8	529348.6	792349.4	794172	8032811.7	19653880.8

图 6-15　数据透视图——折线图

③ 更改数据透视图的数据源。

据透视图的数据源是与其绑定的数据透视表，并不能随意更改，但可以通过将不同的字段放置在不同的区域，来改变数据透视图的显示。例如在"轴字段"列表框中调整了"销量""单价"两个选项的顺序，取消"金额"的字段，即可得到完全不同的两种显示效果，如图 6-16 所示。

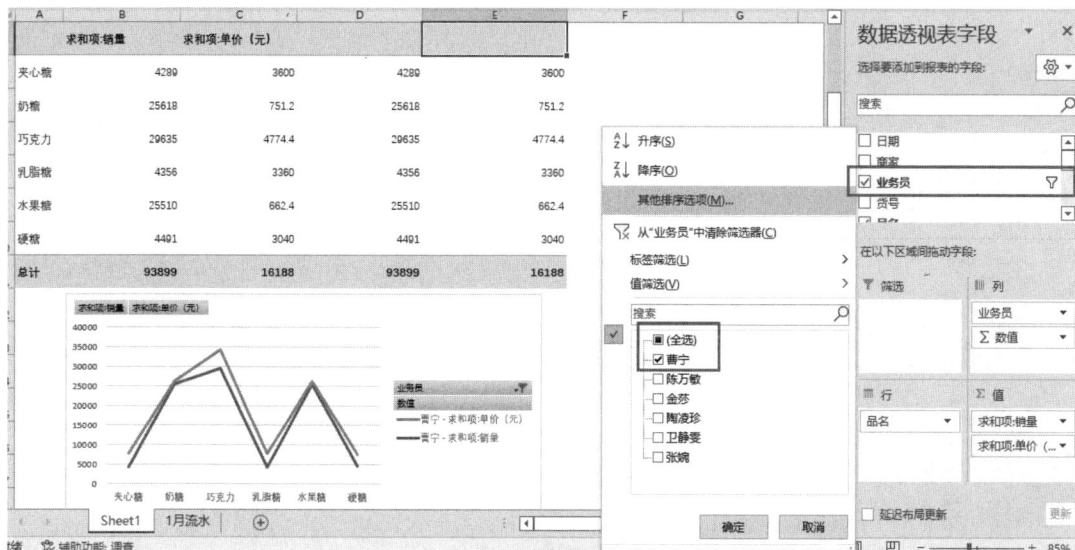

图 6-16　更改后的数据透视表和数据透视图

④ 更改数据透视图的布局样式。

要为更改图表类型后的折线图进行布局设置，使其创建的数据透视图布局更加符合要求，具体步骤为：单击"数据透视图工具设计"选项卡的"图表布局"组中的"快速布局"

按钮，在弹出的下拉列表中选择需要的布局效果，这里选择"布局2"。单击图表上的任意值字段按钮，右击，选择"隐藏图表上的所有值字段按钮"。如图 6-17 所示。

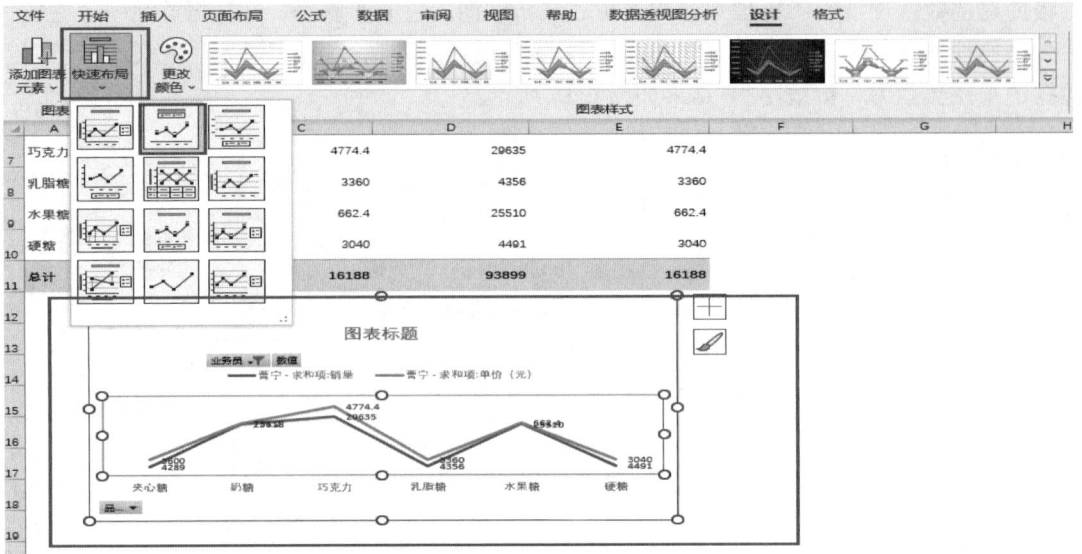

图 6-17　选择"布局 2"后的数据透视表和数据透视图

一、任务要求

请按照要求完成学习数据展现习题。

二、任务内容

（一）单项选择题

1. 显示一个整体内各部分所占的比例，我们往往选择哪类图表（　　　）。

   A. 饼图　　　　　　　B. 散点图　　　　　　C. 折线图　　　　　　D. 条形图

2. 下面哪个函数可以将若干个文本连接在一起？（　　　）

   A. SUM　　　　　　　B. TEXT　　　　　　C. CONCATENATE　　D. AND

3. 散点图是对成组的（　　　）数值进行比较，气泡图是对（　　　）数值进行比较。

   A. 两个；两个

   B. 两个；三个

   C. 三个；两个

   D. 四个；三个

4. 在使用 0 和 1 输入多选题信息时，若出现了 0 和 1 之外的数据，可以采用条件格式利用（　　　）标记错误。

   A. RANDOM 函数

   B. COUNT 函数

   C. OR 函数

   D. COUNTIF 函数

5. 作为电商企业，以下（　　　）图可以有效地提供不同商品的销售和趋势情况。

   A. 饼图

   B. 分组直方图

   C. 气泡图

   D. 条形图和线图的组合图

6.（　　　）是数据透视表进行数据筛选的得力助手，利用它可以实现交互式的筛选操作。

   A. 数据透视图

   B. 切片器

   C. 表单控件

D. 复选框

7. 下列属于基本图表的是（　　　）。

    A. 瀑布图

    B. 滑珠图

    C. 漏斗图

    D. 柱形图

8. 图表操作以下个操作①选择数据源②图表布局③插入图表，他们的正确顺序是（　　　）。

    A. ①②③

    B. ①③②

    C. ③①②

    D. ②①③

（二）多选题

1. 以下在 Excel 中提供的标准类型图表的有（　　　）。

    A. 柱形图

    B. 饼图

    C. 雷达图

    D. 数据流程图

2. 下列属于查找重复数据的方法的是（　　　）。

    A. 条件格式法

    B. 函数法

    C. 高级筛选法

    D. 数据透视表法

3. 迷你图是 Excel 工作表单元格中的微型图表，包括（　　　）。

    A. 折线图

    B. 盈亏图

    C. 气泡图

    D. 柱形图

4. 图表设计主要分为（　　　）。

    A. 配色设计

    B. 内容设计

    C. 图片设计

    D. 版式设计

5. 在 Excel 生成的饼图中，我们可以设置饼图的（　　　）。

    A. 字体样式

    B. 边框样式

    C. 显示内容

    D. 填充颜色

三、任务问题

四、完成结果

课后提升

一、学习总结

（1）数据展现是把数据分析的结果用一种可视化方式呈现的过程。

（2）统计表是由纵横交叉线条所绘制的表格来表现统计资料的一种形式。

（3）统计图是利用几何图形或具体形象表现统计资料的一种形式。

（4）数据透视表的制作。

确定源数据→添加透视表字段→切换字段统计类型→调整数据透视表显示格式。

二、学习提升

1. 职业能力素养培养

党的二十大报告指出，全面建设社会主义现代化国家，必须充分发挥亿万人民的创造伟力。全党要坚持全心全意为人民服务的根本宗旨，树牢群众观点，贯彻群众路线，尊重人民首创精神，坚持一切为了人民、一切依靠人民，从群众中来、到群众中去，始终保持同人民群众的血肉联系，始终接受人民批评和监督，始终同人民同呼吸、共命运、心连心，不断巩固全国各族人民大团结，加强海内外中华儿女大团结，形成同心共圆中国梦的强大合力。

扫描二维码观看微视频《我们——"龙宫"里的男人》，体会在数据分析工作中应如何秉承全心全意为人民服务的理念。

《我们——"龙宫"里的男人》

_____

_____

_____

_____

_____

_____

_____

_____

2. 1+X 数据展现实战

请按照要求完成产品 SKU 分析。

【任务背景】

通过产品 SKU 分析，可以判断消费者更倾向于哪个颜色、款式、价格等，以帮助企业快速定位产品、了解目标消费人群，有利于挖掘产品的潜力爆款，提升整个店铺的单品转化率。

某天猫箱包品牌专卖店上新一款铝制旅行箱，并针对黑色 18 寸旅行箱推出了返现活动。一段时间运营后，部门经理安排小周以近 30 天的销售数据为准，对该产品进行 SKU 分析，以进行进一步的运营计划调整。

【任务分析】

SKU 分析是基于单品进行的，小周可以通过生意参谋的商品 360 模块来查看该铝制旅行箱的 SKU 销售详情，并利用 Excel 进行数据可视化处理，分析出爆款 SKU，给出加大推广、增加库存等建议；对于销量过小的 SKU，给出优化建议或下架处理的判断；同时，结合店铺对黑色 18 寸旅行箱的优惠活动，分析该活动的有效性。

【任务操作】

产品 SKU 分析，其操作步骤及关键节点成果展示如下：

步骤 1：数据获取。

学员根据路径"生意参谋"→"品类"→"商品 360"，在搜索框中输入产品标题，如图 6-18 所示，进入查看 SKU 销售详情，然后修改统计时间，以 30 天为时间维度，选定"加购件数""支付金额""支付件数"以及"支付买家数"四个指标。如图 6-19 所示，并将数据下载下来。也可扫描二维码获取产品 SKU 分析源数据，下载后使用 Excel 工具打开，效果如图 6-20 所示。

步骤 2：数据转化。

工作表中的数据格式不利用数据处理与分析，因此需要进行数据转化。

选中"加购件数""支付金额""支付件数"及"支付买家数"列的数据，点击左上角的错误提示按钮，选择"转换为数字"选项，将以文本形式存储的数字转化为数字格式，如图 6-21 所示。

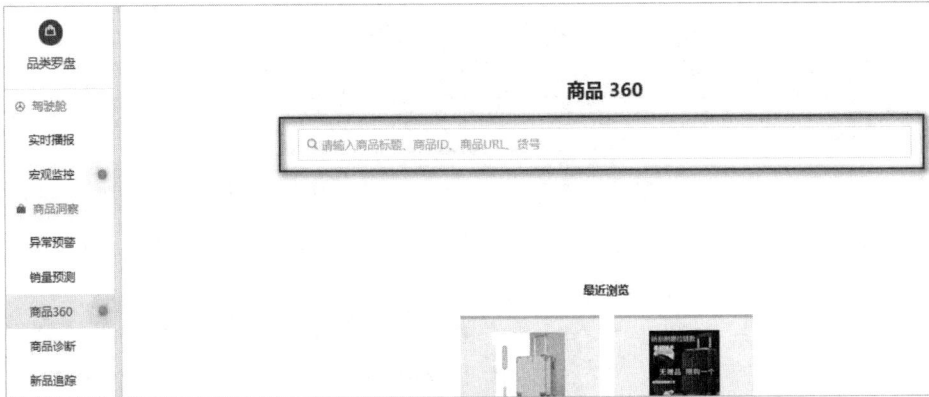

图 6-18　商品 360

图 6-19　SKU 销售详情

图 6-20　SKU 销售详情表（部分）

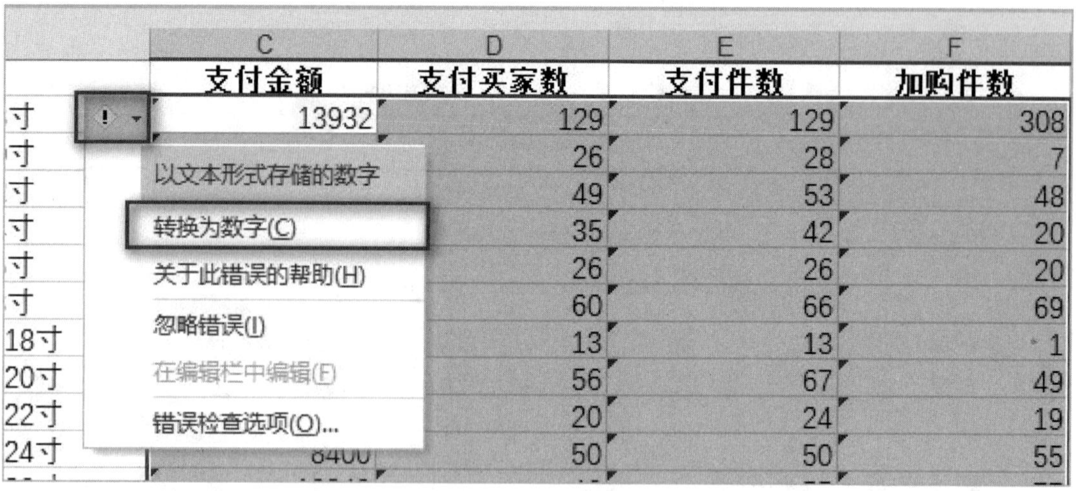

图 6-21　转换为数字

在"支付金额"列前插入一列，然后选择"SKU 名称"列，点击"数据"选项卡中的"分列"工具，根据向导完成操作，其中第 1、3 步默认选项，第 2 步分隔符号选择"分号"，如图 6-22 所示。修改 B、C 列的字段名，结果如图 6-23 所示。

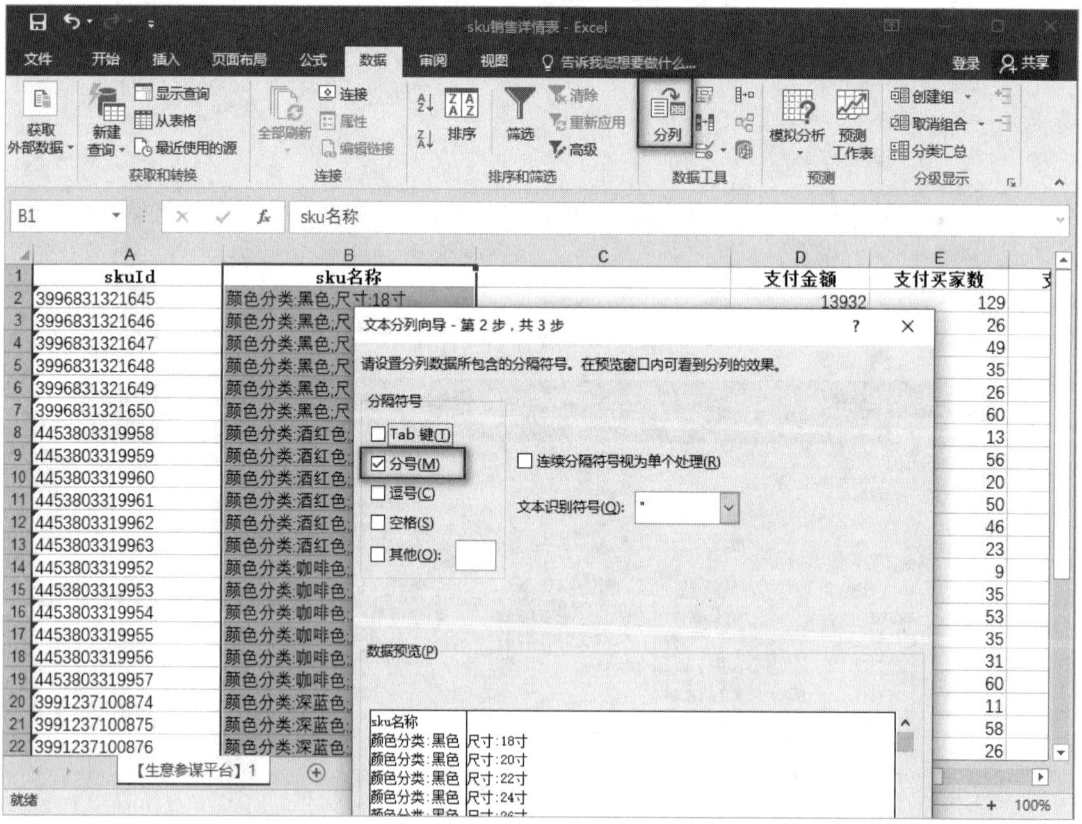

图 6-22　分列操作

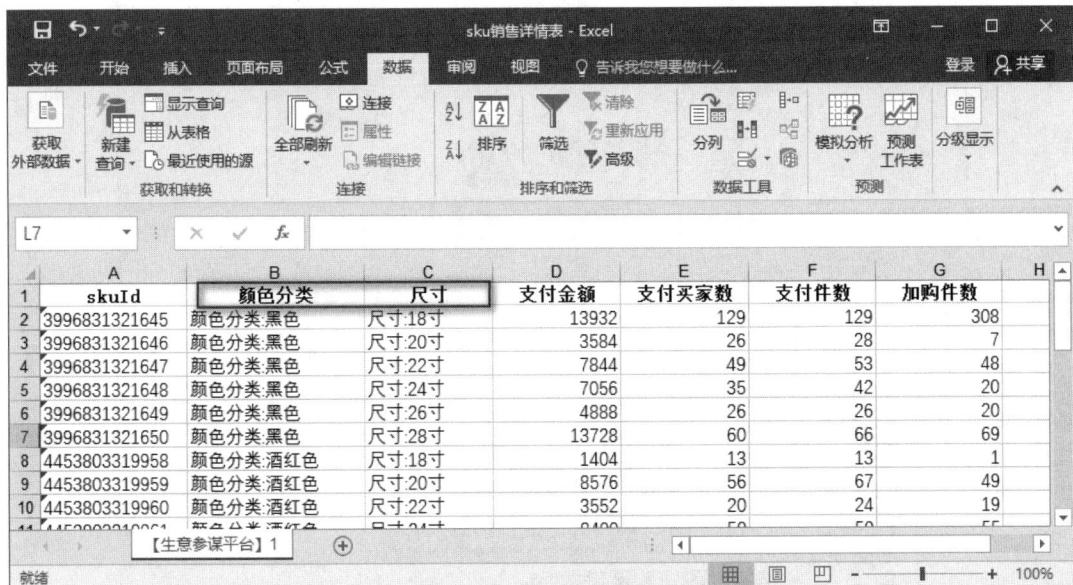

图 6-23　字段名修改

步骤 3：创建数据透视图和数据透视表。

插入数据透视图和数据透视表，选择要分析的数据及放置数据透视表的位置，在右侧"数据透视图字段"编辑区添加字段，结果如图 6-24 所示。然后针对数据透视图，点击"设计"选项卡下的"更改图标类型"工具，更改"求和项：支付金额"系列的图表类型为"折线图"，并使用次坐标轴，如图 6-25 所示，更改后的数据透视图如图 6-26 所示。

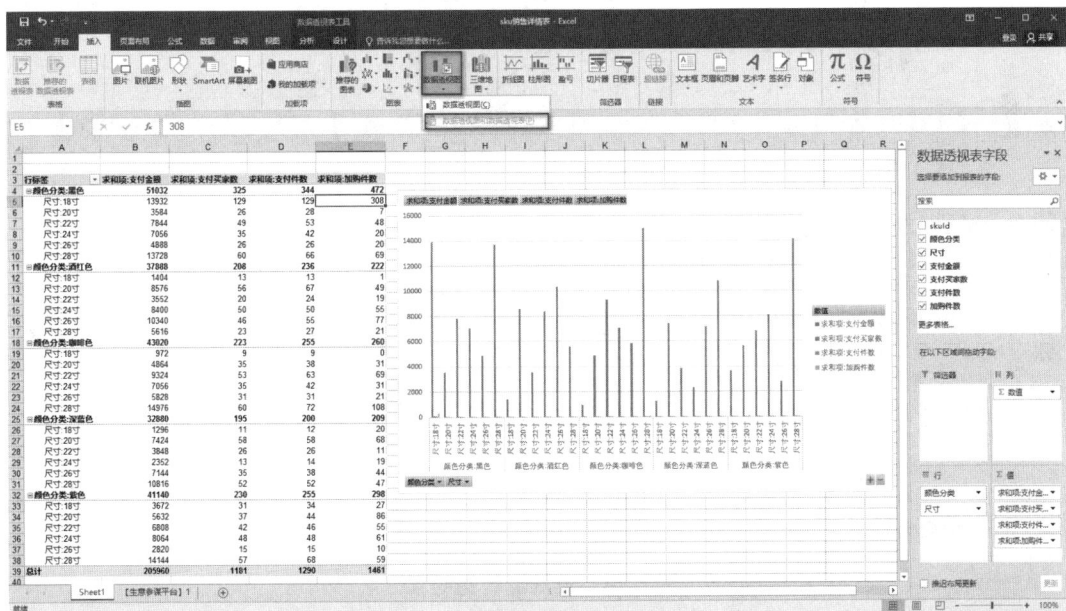

图 6-24　创建数据透视表

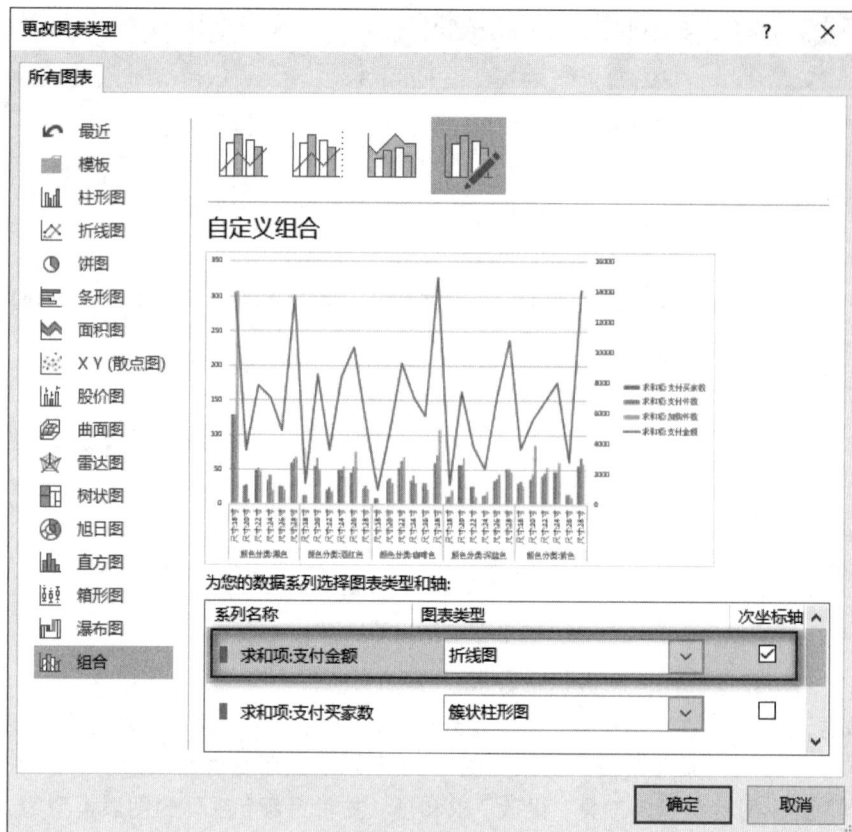

图 6-25　更改图表类型

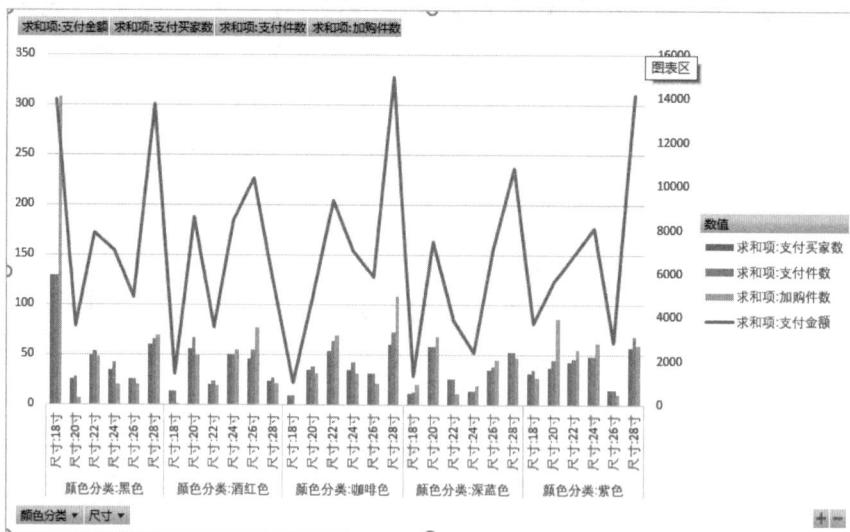

图 6-26　数据透视图结果

步骤 4：插入切片器。

点击"分析"选项卡下的"插入切片器"工具，在打开的对话框中勾选"颜色分类"和"尺寸"选项，创建两个切片器，如图 6-27 所示。

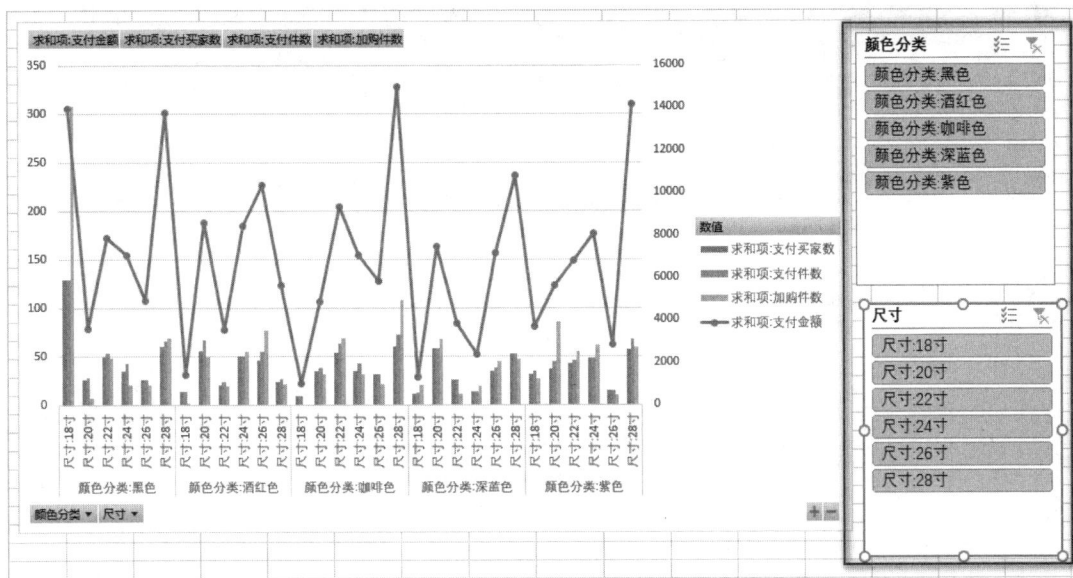

图 6-27　插入切片器

步骤 5：产品 SKU 分析。

单击切片器按钮将自动将该筛选器应用到数据透视表及数据透视图。如图 6-28 所示，在"颜色分类"切片器中单击"颜色分类：黑色"，即可筛选出黑色旅行箱不同尺寸的销售数据；如图 6-29 所示，在尺寸切片器中单击"尺寸：18 寸"，即可筛选出 18 寸旅行箱不同颜色的销售数据。

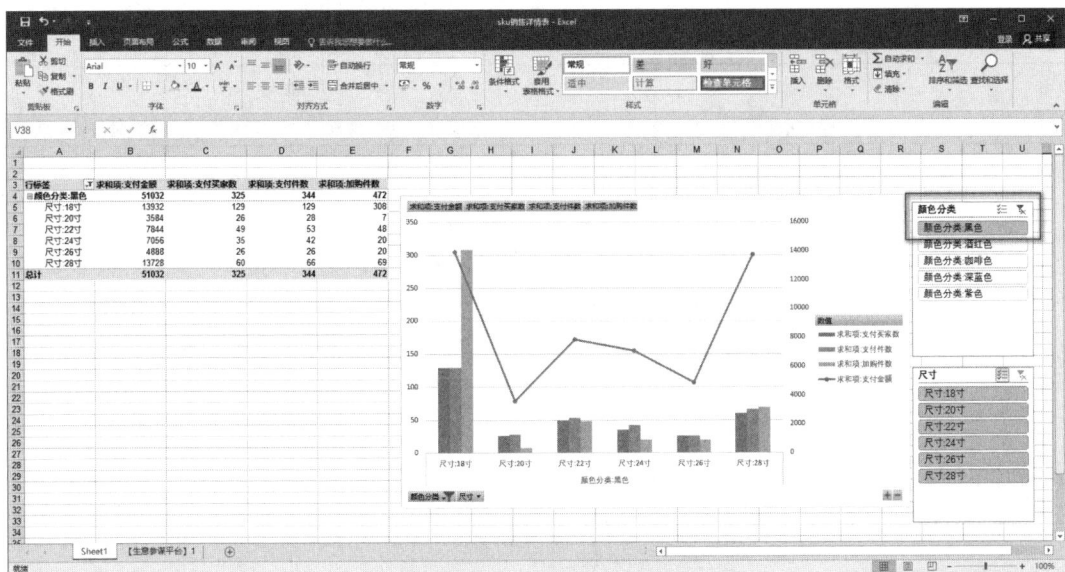

图 6-28　黑色旅行箱的销售数据

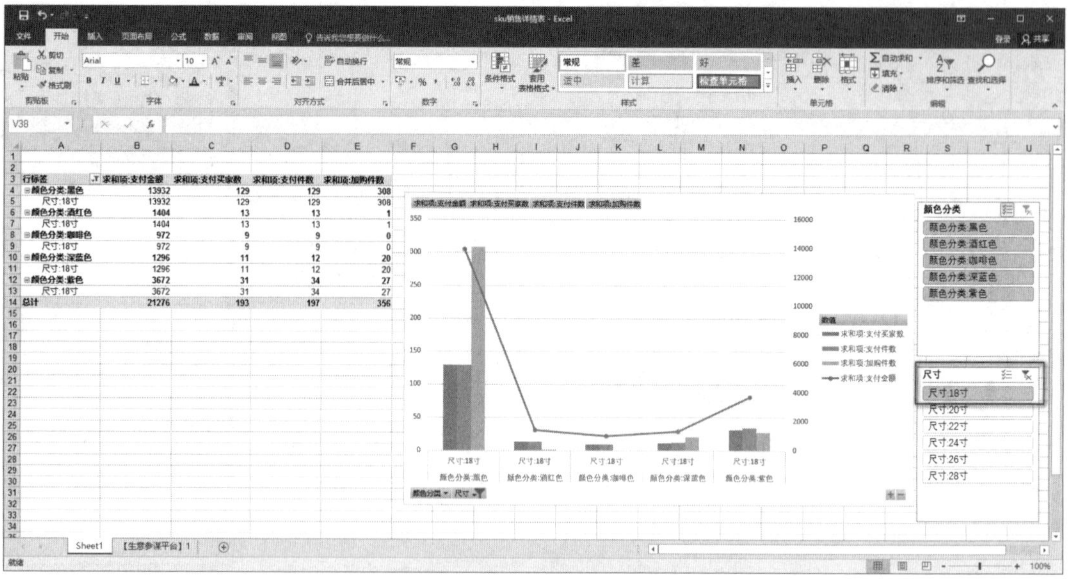

图 6-29　18 寸旅行箱的销售数据

同上方法，请依次观察其他 SKU 的相关指标，从客户对产品的颜色偏好、尺寸需求、爆款 SKU、营销效果、访客行为、销售趋势及优化建议等方面，作对比分析。

三、任务评价反馈

四、学习笔记

任务一 项目准备

一、案例引入

小林经营复古女装，现选择同一目标市场竞争对手经营的一款相似的复古连衣裙为竞品，为了全面地进行竞品分析，小林分别建立了竞品基本信息表以及竞品数据追踪表，其中竞品基本信息表主要包括商品标题、商品价格、商品主图、成交关键词等（见表7-1），数据追踪表主要包括推广活动、销售量等（见表7-2）。小林持续收集竞品相关数据，并定期进行竞品数据分析。

表7-1　竞品基本信息

店铺名称	**复古女装	**民族服饰专营店
商品标题	2019秋装新款长袖连衣裙复古收腰显瘦西装领气质女长裙子春秋	气质连衣裙收腰小香风中长裙长袖春秋装裙子2019新款
商品价格	216元	268元
腰型	高腰	高腰
裙长	长款	中长款
成交关键词		

表7-2　店铺销售数据追踪

内容	项目	9月20日		9月21日	
		**复古女装	**民族服饰专营店	**复古女装	**民族服饰专营店
竞品分析	促销活动		周年庆满299-100	聚划算	
	日访客数				
	日销售量				
	日收藏数				
	日转化率				

小林连续统计了一周的竞品的各项数据，分析得出，竞品及自身商品的价格并未发生变动，这一周内，自身产品的销量虽有波动，但总体上呈现增长趋势，而竞品的销量除了在周年庆有所增长外，整体呈现下滑趋势，小林将继续做好竞品的数据追踪，寻找可供借鉴优化的内容。

【案例思考】

通过上述竞品分析案例：
（1）思考怎样选择合适的竞品？
（2）竞品分析可从哪些内容展开？

二、学习目标

（1）了解数据监控报表制作的设计要素。
（2）了解报告的主要类型及各类型的特点。
（3）了解数据分析报告撰写的主要任务。
（4）掌握数据分析报告撰写的结构和原则。

三、知识链接

（1）扫描二维码学习微课视频：分析报告撰写。

分析报告撰写

（2）扫描二维码观看视频：数据分析报告的结构。

数据分析报告的结构

四、学习资源

1. 数据分析报告

数据分析报告是数据分析过程和思路的最终呈现，数据分析报告的作用在于以特定的形式将数据分析结果展示给决策者，给他们提供决策参考和依据。

（1）数据分析报告类型。

数据分析报告可以分为三种类型：专题分析报告、综合分析报告、日常数据通报。

① 专题分析报告。专题分析报告是对社会经济现象的某一方面或某一个问题进行专门研究的一种数据分析报告，它的主要作用是为决策者解决某个问题提供决策参考和依据。

特点：

单一性：主要针对某一方面或某一个问题进行分析，如用户流失分析、企业利润率分析等。

深入性：报告内容单一、重点突出，便于集中精力抓住主要问题进行深入分析。

② 综合分析报告。综合分析报告是全面评价一个地区、单位、部门业务或其他方面发展情况的一种数据分析报告，例如全国流动人口发展报告、某电商企业运营分析报告等。

特点：

全面性：站在全局的高度，反映总体特征，做出总体评价，得出总体认识。

关联性：把互相关联的一些现象、问题综合起来进行全面系统的分析。

③ 日常数据通报。日常数据通报是以定期数据分析报表为依据，反映计划执行情况，并分析其影响因素和形成原因的一种数据分析报告。这种数据分析报告一般是按日、周、月、季、年等时间阶段定期进行，所以也叫定期分析报告。

特点：

规范性：形成比较规范的结构形式，形成数据分析部门例行报告，定时向决策者提供。

进度性：反映计划的执行情况，把计划执行的进度与时间的进展结合起来分析，观察比较两者是否一致，从而判断计划完成的好坏；

时效性：及时提供业务发展过程中的各种信息，帮助决策者掌握企业经营的主动权。

（2）Office 各软件制作报告的优劣势对比。

数据分析报告主要通过 Office 中的 Word、Excel 和 PowerPoint 系列软件来表现，这三种软件各有优劣势，具体如表 7-3 所示。

表 7-3　各软件制作报告的优劣势对比

项目	Word	Excel	PowerPoint
优势	易于排版 可打印装订成册	可含有动态图表 结果可实时更新 交互性更强	可加入丰富的元素 适合演示汇报 增强展示效果
劣势	缺乏交互性 不适合演示汇报	不适合演示汇报	不适合大篇文字
适用范围	综合分析报告 专题分析报告 日常数据通报	日常数据通报	综合分析报告 专题分析报告

2. 数据分析报告的主要内容

数据分析报告是对整个数据分析过程的一个总结与呈现，通过报告，把数据分析的起因、过程、结果及建议完整地呈现出来。

数据分析报告主要在于将分析的结果、可行性建议以及其他有价值的信息传递给决策者，从而让决策者做出正确的理解、判断和决策。

一般来说，一份商务数据报告主要内容包括公司简介、报告目标、制作流程、数据来源、数据展示、数据分析和结论几个部分。

3. 分析报告的作用

（1）展示分析结果。

（2）验证分析质量。

（3）为决策者提供参考依据。

4. 分析报告的结构

数据分析报告的结构主要包括引入、正文、结论三大部分，如图7-1所示。

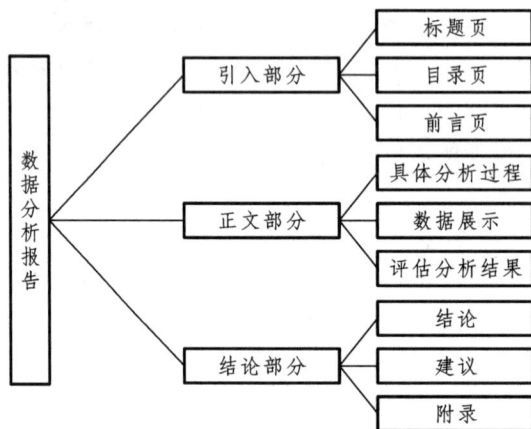

图 7-1　数据分析报告的结构

（1）引入。

标题页一般要写明报告的名称、数据来源、呈现日期等内容，要精简干练，抓住阅读者的兴趣。

目录是报告中各部分内容索引和附录的顺序提要，方便读者了解报告的内容名目，目录需要清晰地体现出报告的分析思路。

前言页包括数据分析的背景、目的、思路等内容。分析背景主要说明此项分析报告的背景和意义，分析目标展示分析报告要达成的目标，分析思路展示数据分析报告的内容和指标。

（2）正文。

正文是一篇数据分析报告的核心部分，必须与分析思路相结合，要以严谨科学的论证，确保观点的合理性和真实性。

正文部分要以图文并茂的方式将数据分析过程与分析结果进行展示，不仅需要美观，还需要统一，不要加入太多的样式，从而给人留下不严谨的感觉。

（3）结论。

报告的结尾是对整个数据分析报告的综合与总结，是得出结论、提出建议、解决矛盾的关键所在，它起着画龙点睛的作用。好的结尾可以帮助读者加深认识、明确主旨、引起思考。

数据分析报告要有明确的结论、建议和解决方案，可以作为决策者在决策时重要的参考依据，其措辞须严谨、准确。结论对整篇报告起到综合和总结的作用，应该有明确、简洁、清晰的数据分析结果。报告的建议部分是立足数据分析的结果，针对企业面临的问题而提出的改进方法，建议主要关注在保持优势及改进劣势等方面，要密切联系企业的业务，提出切实可行的建议。

在数据分析报告中，附录并不是必备的，需要根据需求进行撰写，且每个内容都需要编号，以备查询。一般来说，在附录中补充正文应用到的分析方法、展示图形、专业术语、重要原始数据等内容，帮助读者更好地理解数据分析报告中的内容，也为读者提供一条深入研究数据分析报告的途径。

5．分析数据报告的写作原则

（1）规范性。

数据分析报告中所使用的名词术语一定要规范，标准统一，前后一致，要与业内公认的术语一致。

（2）重要性。

数据分析报告一定要体现数据分析的重点，在各项数据分析中，应该重点取关键指标，科学专业地进行分析。此外，针对同一类问题，其分析结果也应当按照问题重要性的高低来分级阐述。

（3）谨慎性。

数据分析报告的编制过程一定要谨慎，基础数据必须真实、完整，分析过程必须科学、合理、全面，分析结果要可靠，内容要实事求是。

（4）创新性。

当今科学技术的发展可谓日新月异，许多科学家也都提出各种新的研究模型或者分析方法。数据分析报告需要适时地引入这些内容，一方面可以用实际结果来验证或改进它们，另一方面也可以让更多的人了解到全新的科研成果，使其发扬光大。

思考：电商企业日常运营最常用的数据分析报告类型是什么，为什么？

项目练习

一、任务要求

请按照要求完成学习数据报告撰写习题。

二、任务内容

【任务背景】

客户行为分析是对客户选择、购买、使用、评价、处理产品或服务过程中产生的数据进行分析。企业可以根据客户行为分析的结果预测客户需求、监测客户流向等，进而有针对性地提供满足客户需求的产品或服务，有针对性地引领客户转化到最优环节或企业期望客户抵达的环节，最终达到提升企业营收的目的。某电子商务企业为了优化企业运营策略并提升营收，决定对客户行为进行分析，为此，该企业运营部门经理安排小王对企业客户行为轨迹、浏览与收藏行为展开分析。

【任务分析】

分析客户行为轨迹，是分析客户进入企业网店到离开企业网店整个过程中的行为数据，需要分别从客户入口页面、客户来源路径、客户去向路径展开分析；客户浏览与收藏行为分析，是分析单位时间内客户在企业网店的浏览量与收藏量变化趋势。小王决定首先采集最近一个月的客户浏览量与收藏量数据，分析客户浏览与收藏行为是否存在异常，并找出数据量偏高的（低）的时间段；然后分析客户行为轨迹，了解客户在企业网店页面的跳转情况，以此预测客户需求、监测客户流向，帮助企业优化运营策略。

【任务操作】

客户行为分析的操作步骤及关键节点成果展示如下：

（1）客户浏览与收藏行为分析。

步骤 1：获取客户行为数据。

请扫描二维码获取客户行为分析源数据，该数据为小王所在企业 2019 年 9 月客户浏览量与收藏量数据。

客户行为分析源数据

步骤 2：选择并设置组合图形。

选中数据表中的数值区域，插入组合图形，将浏览量设置为簇状柱形图，将访客量设置为折线图和次坐标轴，如图 7-2 所示。

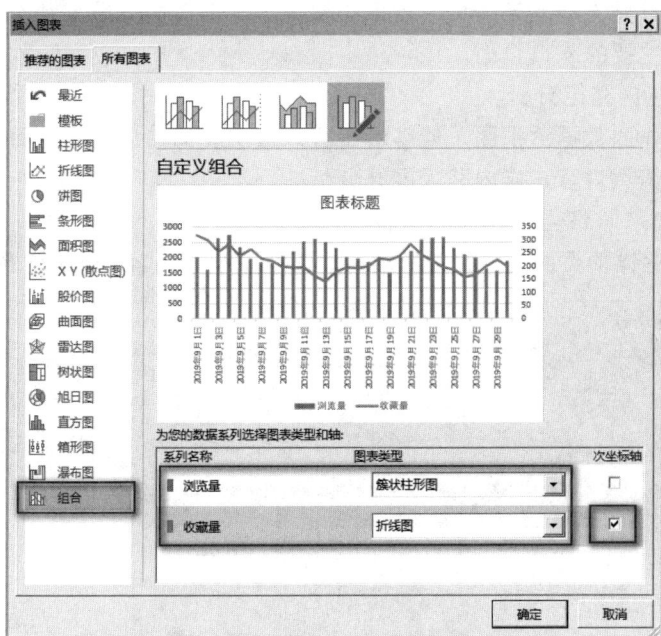

图 7-2　设置浏览量、收藏量组合图形

步骤 3：组合图形处理与分析。

得到初步制作好的浏览量、收藏量组合图形，对组合图形进行处理，包括添加标题、数据等，完成后进行客户浏览量与收藏量分析（见图 7-3）。

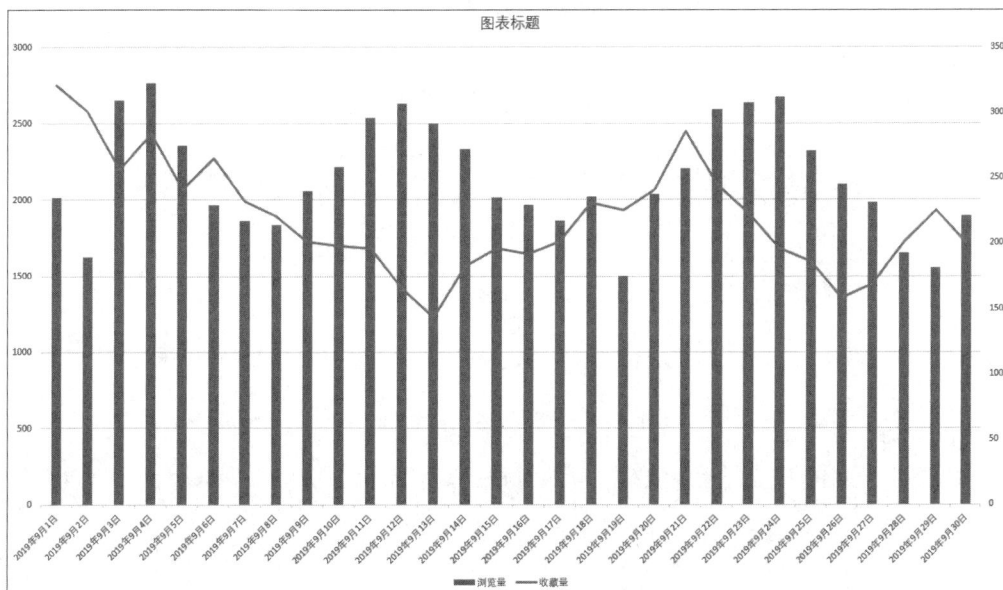

图 7-3　初步制作好的浏览量、收藏量组合图形

（2）客户行为轨迹分析。

步骤1：客户入口页面分析。

流量入口页面即客户通过哪些页面进入企业网站/APP等，常见的流量入口页面有：导购页面、内容页面、首页、产品详情页、搜索结果页、其他页面。通过制作数据透视表和数据透视图找到客户最主要的入口页面。

步骤2：客户店内路径分析。

通过步骤1制作的数据透视图，能够看出客户最主要的入口页面是商品详情页，因此小王选择针对商品详情页对客户店内路径展开分析。

① 详情页客户来源路径分析。

图7-4是该企业详情页的客户来源路径表，请根据该表内容，分析详情页客户来源路径。

店内路径					
店铺导购页面	店铺内容页面	首页	商品详情页	店铺详情页	店铺其他页
访客数1804	访客数232	访客数1523	访客数6352	访客数365	访客数63
占比17.45%	占比2.24%	占比14.73%	占比61.44%	占比3.53%	占比0.61%

来源	访客数/人	访客数占比
店铺导购页面	1727	19.66%
店铺内容页面	211	2.40%
首页	932	10.61%
商品详情页	3021	34.40%
店铺详情页	261	2.97%
店外其他来源	2631	29.96%

图7-4 企业详情页客户来源路径

② 详情页客户去向分析。

图7-5是该企业详情页的客户去向路径表，请根据该表内容，分析详情页客户去向路径。

去向	访客数/人	访客数占比	支付金额/元	支付金额占比
店铺导购页面	1321	15.04%	21023	26.45%
店铺内容页面	100	1.14%	1103	1.39%
首页	831	9.46%	9512	11.97%
商品详情页	3315	37.74%	43654	54.92%
店铺详情页	227	2.58%	4201	5.28%
离开店铺	2989	34.03%	0	0%

图7-5 企业详情页客户去向路径

（3）撰写客户行为分析报告。

根据上述分析结果，撰写客户浏览与收藏行为及客户行为轨迹的分析报告。

三、任务问题

_____

_____

_____

_____

_____

_____

_____

四、完成结果

_____

_____

_____

_____

_____

_____

_____

_____

_____

一、学习总结

数据分析报告是对整个数据分析过程的一个总结与呈现,通过报告,把数据分析的起因、过程、结果及建议完整地呈现出来。

二、学习提升

1. 1+X 数据报告实战

请按照要求完成店铺数据监控展现。

【任务背景】

为了迎接即将到来的双十一平台活动,某网店制定了活动前的推广宣传策略为网店引流。然而,网店引来流量,如何能达成更高的商品销量,让引来的流量起到更大的价值,就要让进店的客户下单购买商品,提高转化率。为了分析目前全店转化率的情况,部门经理安排运营人员小王统计十月份店铺转化的关键数据,形成全店转化率监控报表。

【任务分析】

转化率是衡量店铺运营健康与否的重要指标。转化率指在一个统计周期内,完成转化行为的次数占推广信息点击次数的比率,转化率高说明进店的客户中成功交易的人数比例高。对店铺转化率的监控,可以发现转化率的整体情况,以及影响转化率的主要因素,进而优化营销策略。在进行数据监控前,需要围绕监控目标确定重点监控的数据指标,此外,还需要选定合适的监控方式和周期,明确监控的数据指标正常波动的范围,及时分析异常原因并进行优化。制作数据报表前需要明确需求,确认报表的大纲,即在报表中需要呈现哪些数据维度,并根据确定的维度选择其中重要的数据指标呈现在报表框架中。完成数据指标的选择及报表框架的搭建后,运营人员将每日采集的数据导入,并进行数据分析,即可完成数据监控报表的制作。

【任务操作】

为了更好地记录和分析数据,商家需要监控全店成交转化率的各项数据指标情况,店铺转化率的监控与分析,其操作步骤及关键节点成果展示如下。

步骤 1：确定监控目标。

转化率在店铺运营过程中是非常重要的数据，一旦出现波动，就会直接造成销售额的下降，所以每天跟踪转化率的情况就显得尤为重要。店铺中的转化率可以细分为全店成交转化率、询单转化率和静默转化率，商家可以在生意参谋中找到全店的转化数据如图 7-6 所示。

图 7-6　生意参谋-流量总览

结合图 7-8 的数据，分析该店铺 10 月份转化数据整体情况，如果转化数据不理想，分析其原因。

步骤 2：明确监控指标。

学员需要明确监控的数据指标，店铺的转化率数据可以细分为全店成交转化率、询单转化率和静默转化率，需密切关注，同时，浏览量、访客数是重要的过程性指标，销售额为关键性结果指标，也需要进行监控。

在制作报表时要围绕这些维度展开，学员从中选取重要的数据指标，如表 7-4 所示。

表 7-4　全店转化率数据监控指标列表

指标类别	指标名称
流量	访客数
	浏览量
转化	全店成交转化率
	询单转化率
	静默转化率
销售	销售额

步骤 3：确定监控方式及监控周期。

因需要监控的数据量比较小，小王计划进行人工数据采集与监控。因单日数据存在不确定的波动，为了减少随机因素的干扰，选择以月为单位进行监控数据的汇总与分析，及时发现异常情况并分析异常原因。

步骤 4：创建数据监控表。

确定报表中呈现的数据指标和监控周期后，学员还需要搭建报表框架。日常数据报表建议采用列表式，各类数据指标按照表头顺序平铺式展示，便于查看。

学员新建 Excel 工作表，将工作表命名为"某店铺全店转化率监控表"，随后按照数据维度分别输入选定的数据指标名称及日期，搭建的报表框架如图 7-7 所示。

某店铺全店转化率监控表（2019年10月）						
日期	店铺销售额/元	浏览量（PV）	访客数（UV）	全店转化率%	询单转化率%	静默转化率%
2019-10-1						
2019-10-2						
2019-10-3						
2019-10-4						
2019-10-5						
2019-10-6						
2019-10-7						
2019-10-8						
2019-10-9						
2019-10-10						
······						
2019-10-30						
2019-10-31						
转化率分析						

图 7-7　创建数据监控表

步骤 5：数据采集与处理。

扫描二维码"数据监控与报表制作源数据"，获取店铺转化率相关数据，并将数据分类填充至报表中，添加后的效果如图 7-8 所示。

数据监控与报表制作源数据

步骤 6：数据分析与报表美化。

学员对监控的数据进行分析。针对转化率的每一个细分数据进行深度分析，首先看全店成交转化率的走势，当全店的成交转化率没有较大波动时，说明店铺其他细分转化率没有太大的波动，而如果店铺的整体转化率出现了较大的波动，商家就需要分析具体是哪些转化率出现了问题。

（1）绘制转化率走势图。

通过把数据转化为折线图，能更加直观地看出转化率的走势情况。学员分别为全店成交转化率、询单转化率及静默转化率数据列绘制折线图，如图 7-9 ~ 图 7-11 所示。

店铺转化率监控表						
日期	销售额/元	浏览量（PV）	访客数（UV）	全店成交转化率/%	询单转化率/%	静默转化率/%
2019-10-1	100301	34118	8529	19.60	70.21	16.48
2019-10-2	111140	40411	10111	18.32	69.36	15.20
2019-10-3	82105	31423	7869	17.39	69.13	14.27
2019-10-4	111391	43203	10800	17.19	70.00	14.07
2019-10-5	100483	40654	10156	16.49	66.96	13.37
2019-10-6	95206	39487	9868	16.08	70.06	12.96
2019-10-7	98661	39984	9996	16.45	69.53	13.33
2019-10-8	119250	49812	12453	15.96	69.09	12.84
2019-10-9	169060	66389	16594	16.98	70.02	13.86
2019-10-10	75629	38923	9726	12.96	35.99	12.78
2019-10-11	80382	31032	10258	13.06	41.65	12.89
2019-10-12	108370	36356	9058	19.94	62.00	16.82
2019-10-13	109292	38548	8851	20.58	69.33	17.46
2019-10-14	125703	39540	9887	21.19	70.33	17.57
2019-10-15	121804	36326	9079	22.36	71.42	17.24
2019-10-16	99207	36241	9060	18.25	69.99	15.13
2019-10-17	125849	36325	9080	23.10	70.23	17.98
2019-10-18	114740	38799	9732	19.65	63.95	16.53
2019-10-19	106659	38767	9698	18.33	69.38	15.21
2019-10-20	109152	34277	8569	21.23	70.11	17.11
2019-10-21	128051	40965	10231	20.86	69.33	16.74
2019-10-22	115987	38512	9878	19.57	66.42	16.45
2019-10-23	130316	50161	12540	17.32	68.35	14.20
2019-10-24	115929	44970	11240	17.19	65.69	14.07
2019-10-25	130577	41005	10251	21.23	70.21	17.01
2019-10-26	125407	39965	9991	20.92	69.52	17.80
2019-10-27	120832	40501	10125	19.89	56.32	16.77
2019-10-28	138200	44813	11203	20.56	69.71	17.14
2019-10-29	122886	39597	9899	20.69	65.26	17.20
2019-10-30	125277	40841	10210	20.45	59.36	17.13
2019-10-31	133187	44847	11211	19.80	55.69	16.48

图 7-8　数据记录

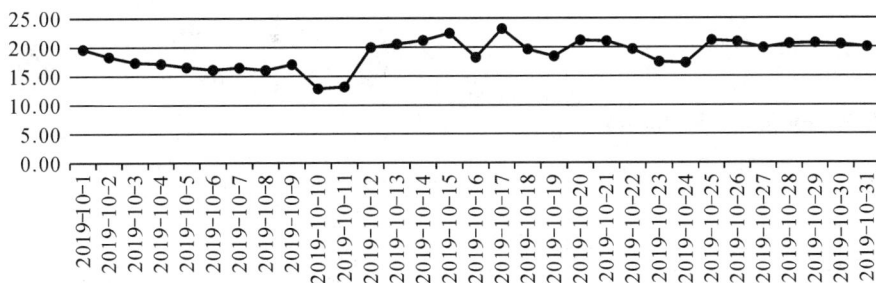

图 7-9　全店成交转化率

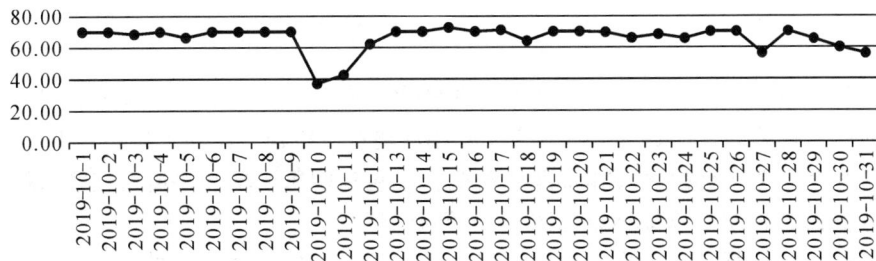

图 7-10　询单转化率

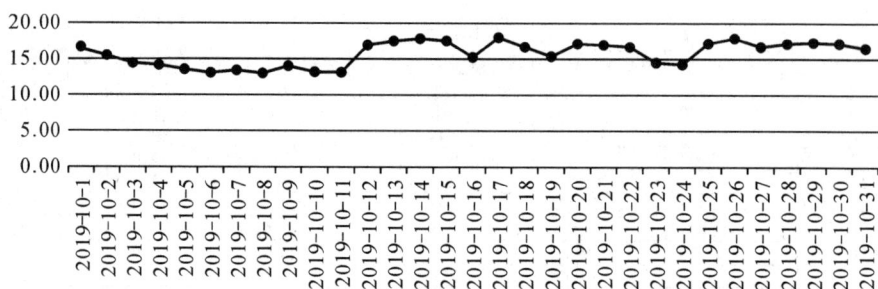

图 7-11　静默转化率

结合报表中的数据及折线图分析 10 月份店铺全店转化率、询单转化率、静默转化率数据变化的趋势，并分析引起10月10日至10月11日全店转化率波动比较大的原因。

（2）添加数据条对数据突出显示。

除了借助折线图表来直观分析转化率的走势，还可以利用条件格式对需要突出显示的数据进行设置，让报表更加清晰明了。在本任务中可对销售额的数据突出呈现，首先框选需要处理的数据，然后点击"条件格式"按钮（见图 7-12），在其下拉菜单中选择"数据条"选项，选定颜色突出显示，结果如图 7-13 所示。

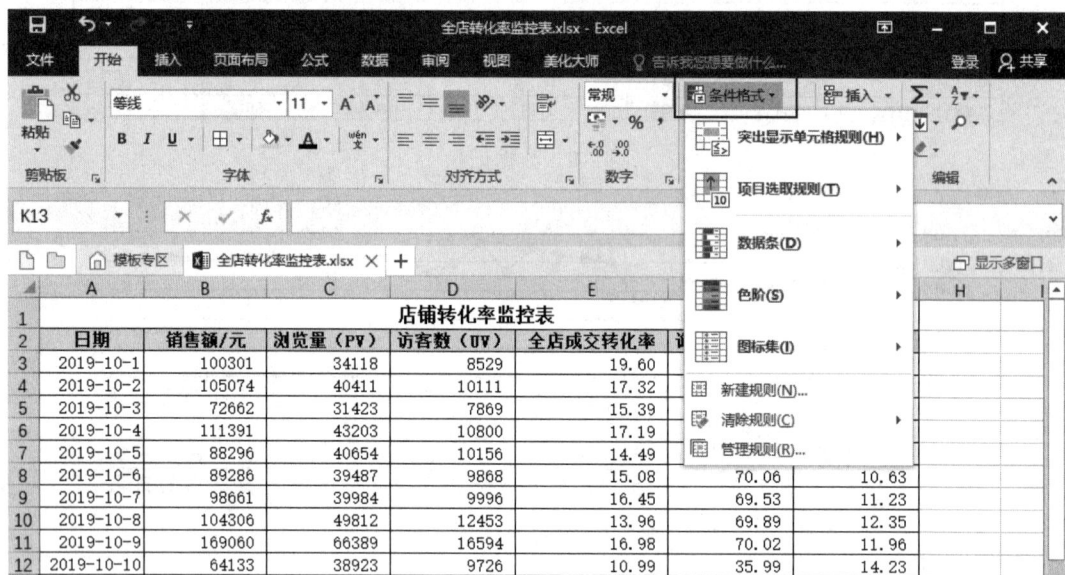

图 7-12　"条件格式"功能区

接下来，可以利用条件格式对转化率相关的数据进行设置，更加直观地看出数据的大小变化。首先框选需要处理的数据，然后点击"条件格式"按钮，在其下拉菜单中选择"色阶"选项，选定颜色，为单元格区域添加颜色渐变，颜色指明每个单元格值在该区域内的位置。完成各列数据的"色阶"添加结果如图 7-14 所示。

结合报表中的数据及色阶显示结果，把转化率数据分析结果填入报表中，即可完成店铺转化率监控报表的制作。

			店铺转化率监控表			
日期	销售额/元	浏览量（PV）	访客数（UV）	全店成交转化率/%	询单转化率/%	静默转化率/%
2019-10-1	100301	34118	8529	19.60	70.21	16.48
2019-10-2	111140	40411	10111	18.32	69.36	15.20
2019-10-3	82105	31423	7869	17.39	69.13	14.27
2019-10-4	111391	43203	10800	17.19	70.00	14.07
2019-10-5	100483	40654	10156	16.49	66.96	13.37
2019-10-6	95206	39487	9868	16.08	70.06	12.96
2019-10-7	98661	39984	9996	16.45	69.53	13.33
2019-10-8	119250	49812	12453	15.96	69.09	12.84
2019-10-9	169060	66389	16594	16.98	70.02	13.86
2019-10-10	75629	38923	9726	12.96	35.99	12.78
2019-10-11	80382	31032	10258	13.06	41.65	12.89
2019-10-12	108370	36356	9058	19.94	62.00	16.82
2019-10-13	109292	38548	8851	20.58	69.33	17.46
2019-10-14	125703	39540	9887	21.19	70.33	17.57
2019-10-15	121804	36326	9079	22.36	71.42	17.24
2019-10-16	99207	36241	9060	18.25	69.99	15.13
2019-10-17	125849	36325	9080	23.10	70.23	17.98
2019-10-18	114740	38799	9732	19.65	63.95	16.53
2019-10-19	106659	38767	9698	18.33	69.38	15.21
2019-10-20	109152	34277	8569	21.23	70.11	17.11
2019-10-21	128051	40965	10231	20.86	69.33	16.74
2019-10-22	115987	38512	9878	19.57	66.42	16.45
2019-10-23	130316	50161	12540	17.32	68.35	14.20
2019-10-24	115929	44970	11240	17.19	65.69	14.07
2019-10-25	130577	41005	10251	21.23	70.21	17.01
2019-10-26	125407	39965	9991	20.92	69.52	17.80
2019-10-27	120832	40501	10125	19.89	56.32	16.77
2019-10-28	138200	44813	11203	20.56	69.71	17.14
2019-10-29	122886	39597	9899	20.69	65.26	17.20
2019-10-30	125277	40841	10210	20.45	59.36	17.13
2019-10-31	133187	44847	11211	19.80	55.69	16.48

图 7-13　添加数据条突出显示

			店铺转化率监控表			
日期	销售额/元	浏览量（PV）	访客数（UV）	全店成交转化率/%	询单转化率/%	静默转化率/%
2019-10-1	100301	34118	8529	19.60	70.21	16.48
2019-10-2	111140	40411	10111	18.32	69.36	15.20
2019-10-3	82105	31423	7869	17.39	69.13	14.27
2019-10-4	111391	43203	10800	17.19	70.00	14.07
2019-10-5	100483	40654	10156	16.49	66.96	13.37
2019-10-6	95206	39487	9868	16.08	70.06	12.96
2019-10-7	98661	39984	9996	16.45	69.53	13.33
2019-10-8	119250	49812	12453	15.96	69.09	12.84
2019-10-9	169060	66389	16594	16.98	70.02	13.86
2019-10-10	75629	38923	9726	12.96	35.99	12.78
2019-10-11	80382	31032	10258	13.06	41.65	12.89
2019-10-12	108370	36356	9058	19.94	62.00	16.82
2019-10-13	109292	38548	8851	20.58	69.33	17.46
2019-10-14	125703	39540	9887	21.19	70.33	17.57
2019-10-15	121804	36326	9079	22.36	71.42	17.24
2019-10-16	99207	36241	9060	18.25	69.99	15.13
2019-10-17	125849	36325	9080	23.10	70.23	17.98
2019-10-18	114740	38799	9732	19.65	63.95	16.53
2019-10-19	106659	38767	9698	18.33	69.38	15.21
2019-10-20	109152	34277	8569	21.23	70.11	17.11
2019-10-21	128051	40965	10231	20.86	69.33	16.74
2019-10-22	115987	38512	9878	19.57	66.42	16.45
2019-10-23	130316	50161	12540	17.32	68.35	14.20
2019-10-24	115929	44970	11240	17.19	65.69	14.07
2019-10-25	130577	41005	10251	21.23	70.21	17.01
2019-10-26	125407	39965	9991	20.92	69.52	17.80
2019-10-27	120832	40501	10125	19.89	56.32	16.77
2019-10-28	138200	44813	11203	20.56	69.71	17.14
2019-10-29	122886	39597	9899	20.69	65.26	17.20
2019-10-30	125277	40841	10210	20.45	59.36	17.13
2019-10-31	133187	44847	11211	19.80	55.69	16.48
转化率分析						

图 7-14　完成报表制作

三、任务评价反馈

四、学习笔记

一、案例引入

案例一

初识用户画像

随着用户的一切行为数据可以被企业追踪到，企业的关注点日益聚焦在如何利用大数据为经营分析和精准营销服务，而要做精细化运营，首先要建立本企业的用户画像。

提到用户画像的概念，我们区分下用户角色（Persona）和用户画像（Profile）：

1. 用户角色

用户角色本质是一个用以沟通的工具，当我们讨论产品、需求、场景、用户体验的时候，为了避免在目标用户理解上的分歧，用户角色应运而生。用户角色建立在对真实用户深刻理解，及高精准相关数据的概括之上，虚构的包含典型用户特征的人物形象。图8-1所示是一个典型的用户角色：

2. 用户画像

用户画像更多被运营和数据分析师使用，精准营销、经营分析、个性化推荐都是基于用户画像的应用。用户画像是各类描述用户数据的变量集合，能够准确描述任何一个真实用户。如下是一个简化的用户画像：

{ "ID"：123456,
"姓名"："张建国"，
"性别"："男"，
"出生年月"：631123200,

消费主义者

晓菲 / 28岁 / 工作5年 / 20000 RMB/月

工作状态：美容顾问，经常出入时尚场合
家庭状况：未婚，单身，租房
空闲时间：购物、看时尚及旅游杂志
银行特征：广发、招行、工行等多家银行信用卡用户
理财观念：年轻的乐天派。享受生活，消费至上。认为生活就是消费，要爱自己。对理财、投资没有概念，消费场合多，消费需求大。

常用物品
凯美瑞/iPhone/MacbookAir/Gucci钱包

图 8-1　用户角色示例

"籍贯"："北京"，
"居住地"："北京"，
"教育背景"：
{ "学校"："北京大学"，
"专业"："CS"，
"入学年月":1220198400
}
}

3. 用户标签

用户标签，即对用户某个维度属性的描述，具有相互独立、可枚举穷尽的特点。采集业务、日志、埋点等数据后，经过不同统计方式计算出用户属性、用户行为、用户消费、风险控制、社交等维度标签。例如：性别、年龄、近30日访问次数、购买水平、经常活跃时间段等。

4. 用户画像

构建用户画像，就是给用户打上各种维度的标签。从业务价值来说，标签和画像是类似中间层的系统模块，为数据驱动运营奠定了基础，可以帮助大数据"走出"数据仓库，针对用户进行个性化推荐、精准营销等多样化服务。

5. 用户群组

需要用户属性和行为组合，才能圈选出全面的目标群体。只有行为数据，只能看到这个人做过什么事，但这个人是男是女、年龄多大、注册多久、购买能力如何等信息都不知道，这样圈选出的用户群是有缺陷的，一般不会直接应用于精准营销场景。

6. 用户标签

建立用户标签，不用非要组合用户属性和行为事件，单用户属性可以，单用行为事件也可以。基于用户属性、行为事件计算出的用户标签，本质也是用户属性，或者说用户属性本身就是标签。

7. 群组是标签的一种应用方式

标签作为一个中间层系统模块，在精准营销场景，往往不会只使用一个标签进行推送，更多情况下需要组合多个标签来满足业务上对人群的定义。

这里通过一个场景来介绍基于用户标签圈选用户群组的应用。某女装大促活动期间，渠道运营人员需要筛选出平台上的优质用户，并通过短信、邮件、Push 等渠道进行营销。

第1步：通过圈选"浏览""收藏""加购""购买""搜索"与该女装相关品类的标签来筛选出可能对该女装感兴趣的潜在用户。

第2步：组合其他标签（如"性别""消费金额""活跃度"等）筛选出对应的高质量用户群，推送到对应渠道。

因此，将用户属性、行为事件数据抽象成标签后，可通过组合标签方式找到目标潜在用户人群。从这个角度理解，用户群组是用户标签应用的一种方式。

【案例思考】

结合案例，思考并回答以下问题：
构建电子商务企业用户画像，可从哪几个维度展开？

案例二

4月26日，媒体报道广东省徐闻县菠萝滞销。5月9日，笨鲜生天猫旗舰店在聚划算发起全民助农破滞销活动，1天时间售卖出60万斤菠萝。但紧随其后的是大量用户收货时发现菠萝已经腐败变质，笨鲜生发布公告称果农坐地起价、代办掺杂熟果，导致发货和品控出现严重问题，店铺损失近50万元，面临破产。

菠萝作为一种比较娇贵的水果，如果采摘过程中有挤压损伤，或是成熟度在八分以上，在运输过程中就一定会坏掉。事实上，生鲜在电商销售中无论是对源头品质把控、产品分级制度建立，还是保鲜方式、流通方式，都有较高要求。针对此次事件，业内人士指出：笨鲜生正是由于采购源头品控没有掌控好，才引发的后续退换货等大量售后赔偿问题，导致店铺评分直线下降甚至面临破产，矛头直指笨鲜生供应链没跟上。

【案例思考】

结合案例，思考并回答以下问题：
（1）如何避免发生"笨鲜生菠萝事件"？
（2）请思考电子商务供应链分析的重点都有哪些数据？

二、学习目标

结合电子商务案例综合掌握数据分析流程。

三、知识链接

（1）扫描二维码学习微课视频：词根数据表制作流程。

词根数据表制作流程

（2）扫描二维码学习微课视频：产品数据分析认知。

产品数据分析认知

（3）扫描二维码学习微课视频：供应链数据分析。

供应链数据分析

（4）扫描二维码了解电子商务网店数据分析的六个步骤。

电子商务网店数据分析的六个步骤

四、学习资源

大数据时代给电子商务发展带来新的机遇与挑战，大数据技术帮助电子商务行业发现新的商业模式，尤其是用户行为预测分析和购物商品关联分析已经在电商领域得到了很好的应用，并已经帮助电商获得了巨大的利润。其中用户行为分析是大数据电商应用领域最常用的技术手段，该技术通过研究用户在互联网上的行为数据，如用户在访问某个电商网站时，用户浏览、点击、购买、评价某种商品的行为，可以让企业更加详细、清楚地了解用户的行为习惯，从而为企业的经营提供支持。

（一）流量数据分析

1. 网站流量

（1）理解浏览量、访客数的含义。

① 浏览量的含义。

浏览量即常说的 PV（Page View）指标，指网站被浏览的总页面数，"Page"一般指普通的 html 网页，也包含 php、jsp 等动态产生的 html 内容。消费者每一次对网站中的每个网页的访问均被记录 1 次，逐渐累计成为 PV 总数。PV 是评价网站流量最常用的指标之一，也是用来衡量网站广告价值和消费者关注度的重要标准。

② 访客数的含义。

访客数也称独立访客数，即常说的 UV（Unique Visitor）指标，指通过互联网访问、浏览该网站的网页的人数。

③ PV 和 UV 关系分析。

一般情况下，PV 和 UV 的变化规律相似（见图 8-2）。

PV 与 UV 上升：说明网站页面浏览次数增加，访客量增大；

PV 与 UV 下降：说明网站页面浏览次数减少，访客量较小。

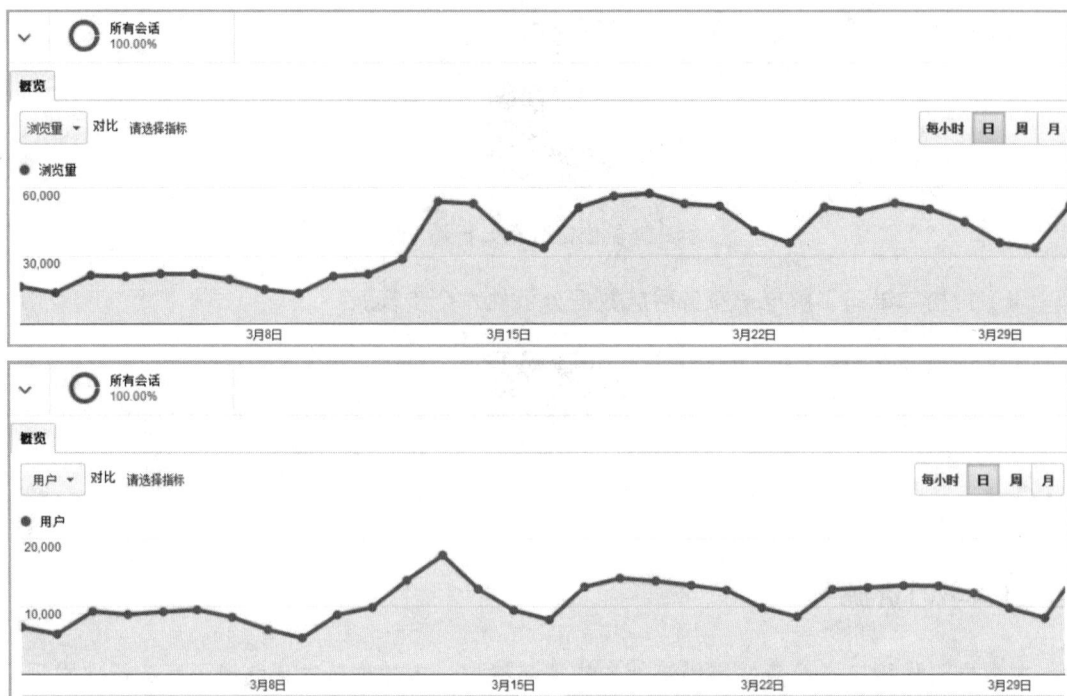

图 8-2　PV 和 UV 的变化示例图

　　PV 与 UV 并不总是以相同的趋势变化的，网站可以根据 PV-UV 的联动变化图表（见图 8-3），了解网站运营情况，并制定改进方法。

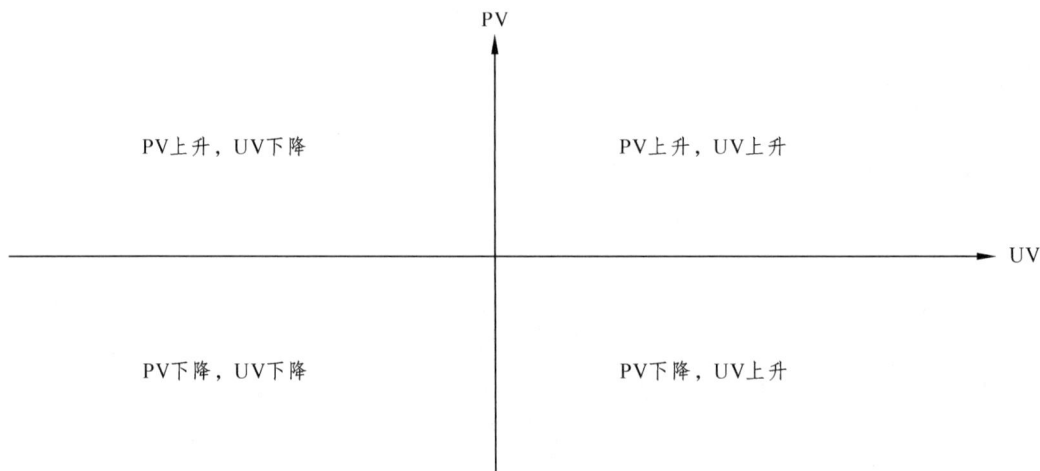

图 8-3　PV-UV 的联动变化图表

　　（2）通过跳出率看网站性能。

　　网站跳出率指从进入网站的消费者人数到离开网站的人数的比值，其计算公式为：网站跳出率＝仅浏览了一个页面的人数/总访问人数。

　　跳出率越高代表进入网站后马上离开的人数比浏览网站后再离开的人数多，说明网站消费者体验做得不好；反之，跳出率较低，则说明网站做得不错，消费者能够在网站中找到自己感兴趣的内容，而且这种消费者可能还会再次光顾该网站，从而提高了消费者回访度，大大增加了消费者在网站中消费的概率。

思考：图 8-4 中网站跳出率数据呈现出怎样的问题？

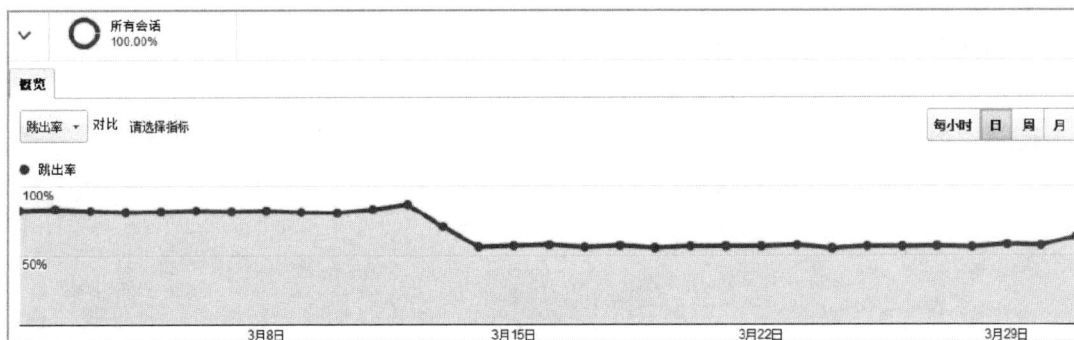

图 8-4 网站跳出率示例图

网站跳出率高：

- 网站内容与消费者需求不符；
- 访问速度过慢；
- 内容引导较差。

（3）利用平均访问页面数看访问深度。

① 平均访问页面数的含义。

平均访问页面数，也称访问深度（Depth of Visit），指消费者在一次浏览网站的过程中，总共访问了多少个页面。平均访问页面数越多，通常也就表明消费者对网站中的商品越感兴趣。网站的平均访问的页面数可以用 PV 和 UV 的比值来表示，其中比值越大，消费者体验度越高，网站的黏性也越好。图 8-5 为平均访问页面数示例图。

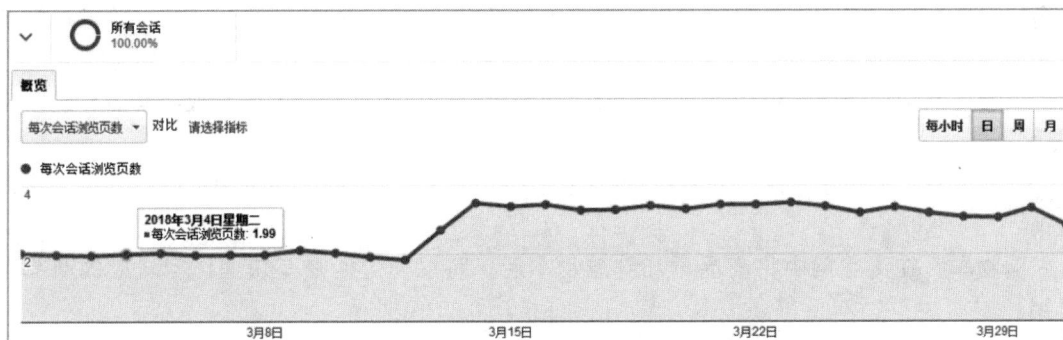

图 8-5 平均访问页面数示例图

提高平均访问页面数的途径：

- 网站的合理排版和布局；
- 精心设计网站的内容；
- 合理的导航和适当的内部链接锚文本；
- 提高商品的质量。

（4）通过网站外链看网站流量。

网站外链就是网站的外部链接，也指在除本网站外的网站出现本网站的超链接或锚文本。也就是说，通过单击网站外链，即可在其他网站的超链接上打开本网站。外链出现的方式有以下两种。

- 直接链接。直接出现在网站的超链接。
- 锚文本。在文字中加入相应的超链接。

思考：图 8-6 为某网站的外链情况，试分析情况是否有异常？

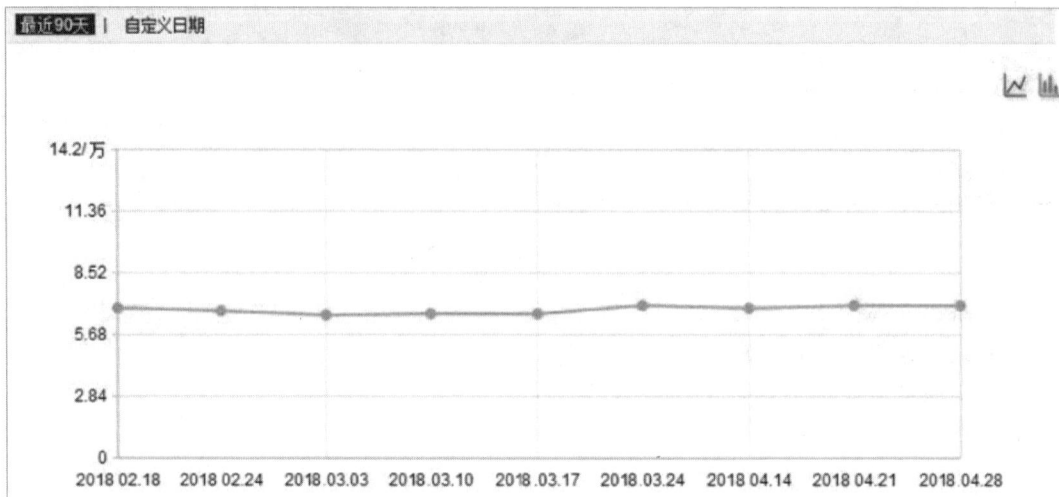

图 8-6　网站外链示例图

2. 店铺流量

（1）免费流量。

免费流量是指消费者直接通过关键词搜索等途径进入店铺中的流量。这类流量是店铺最需要的流量，是店铺通过关键词优化，主图优化等方式获取到的网络自然流量，流量的精准度和质量往往都比较高。

直接访问：消费者通过淘宝网搜索功能和分类导航功能直接搜索商品或店铺名称进入店铺访问。

商品收藏：消费者对某款商品进行收藏，可以直接通过商品收藏夹中已收藏的商品进入店铺。

购物车：在淘宝网中将商品添加到购物车后，可以通过购物车快速访问对应的商品和店铺。

已买到的商品：消费者可以直接通过"已买到的商品"超链接对购买过的商品进行访问。

（2）付费流量。

付费流量是指通过付费投放广告的方法引入的消费者流量。这类流量精准度也比较高，更容易获取。淘宝常见的付费推广工具有淘宝客、直通车、钻石展位等，此外也可通过各种付费活动来获取流量。

淘宝客：按照实际的交易完成量，即消费者确认收货后才进行计费。

直通车：直通车展示位置旁通常有灰色"广告"字样。

钻石展位：通过图片创意吸引消费者点击，以获取巨大的流量。

付费活动：淘宝平台拥有大量营销活动，参与这些活动可以很好地引入流量，并推广店铺和商品。

（3）站内流量。

站内流量是指通过电商平台获取的流量，也是店铺流量重要的构成部分。站内流量也有免费与付费之分，淘宝的站内流量主要包括微淘、淘宝头条等淘宝官方互动交流平台。

微淘：手机淘宝的重要商品之一，定位于移动消费的入口，在消费者生活细分领域为其提供方便、快捷、省钱的手机购物服务。

淘宝头条：生活消费资讯类媒体聚拢平台。借助淘系海量流量和精准算法实现个性化推送，以获得更多的曝光和关注。

（4）站外流量。

站外流量可以为店铺带来潜在的消费群体，站外流量大多来自于贴吧、论坛、社区、微博等，可以靠商家自行推广，也可以雇佣专业运营人员和站内团队进行推广。

四大基本流量是店铺的主要流量来源，其构成直接体现了店铺运营的重点方向，分析店铺流量构成有利于商家更好地掌握店铺的运营情况，做出正确的运营决策。

一般来说，行业不同、运营模式不同等因素都可能造成店铺流量结构的差异性，理论上，最健康的流量结构应该是免费流量占据多数，付费流量占据少数，其他流量占据一定的比例即可。比如某店铺免费流量占比为 70%，付费流量占比 25%，其他流量占比 5%，该店铺的流量结构就比较健康。

（5）关键词分析。

① 关键词种类。

关键词包括核心词、长尾词、修饰词和品牌词。

核心词：体现商品名称的词语，搜索量很大，但竞争也十分激烈，竞争力不强的商品和店铺主要以核心词进行引流，通常难以获得较好的效果。

长尾词：体现商品属性的词语，长尾词的搜索量相对较少，但由于精确性较高，因此转化率比核心词要高。

修饰词：单独体现所在行业商品属性的词语，如"女""宽松""直筒"等，都是女装牛仔裤或裤子类目商品的修饰词。

品牌词：直接体现所经营商品品牌名称的词语。

② 关键词质量分析。

搜索指数：搜索指数越高，说明需求量越大。

搜索指数趋势：如果某关键词目前搜索指数很高，但未来趋势直线下滑。

点击率和转化率：关键词不能只关注搜索率，更要关注点击率和转化率。

人群精准度：将个性化搜索加入搜索引擎中，形成千人千面的效果。

商品精准度：商家选择的关键词必须与商品高度吻合。

竞争度：如果实力不如竞争对手，那么淘宝展示的就是竞争对手的商品。

③ 关键词数据分析。

搜索排行：搜索词、长尾词、品牌词、核心词、修饰词。

搜索分析：可以单独分析某个关键词的趋势。单击左侧导航栏中的"搜索分析"功能即可进入搜索分析页面，在上方的文本框中输入关键词。

搜索人群：可以单独分析某个关键词的搜索人群画像，如性别比例、年龄结构、区域分布、品牌和类目偏好等。

④ 关键词优化。

合理安排竞品：竞争力比较弱的商品要以长尾关键词为主，主要考虑覆盖率。竞争力比较强的商品要以热词和高转化率词为主，主要考虑引流能力。

组合标题：有了高质量的关键词后，就需要将其组合成标题。关键词的组合也应该建立在关键词的分析上。

匹配个性需求：根据商品对应的消费者区域、性别、消费主张、爱好偏向、消费能力、浏览行为等购物习惯等个性需求来匹配关键词。

避免内部竞争：要根据同类型商品的不同人气、人群、价格等属性，合理安排关键词，尽量避免内部竞争。

项目练习

一、任务要求

请按照要求完成数据分析综合案例任务。

二、任务内容

任选天猫或者京东一家旗舰店,利用生意参谋获取店铺的流量数据,采集并整理到 Excel 中。分析该店铺各种流量的构成比例,并分析不同流量的转化率对比数据。

三、任务问题

四、完成结果

一、学习总结

数据分析过程一般包括六个阶段：

明确分析目的—数据采集—数据处理—数据分析—数据展现—撰写报告。

二、学习提升

1+X 数据分析综合实战。

【任务背景】

基于工作子任务一的分析，某网店发现全店成交转化率出现异常波动的主要原因是当天询单转化率太低造成的，为了进一步分析引起询单转化率偏低的原因，部门经理安排小王继续对客服转化数据进行分析，找出异常数据，分析客服数据哪些是需要提升的，并找到可以提升的客服人员制定对应的优化策略。

【任务分析】

电子商务运营过程中难免会遇到数据异常的情况，当店铺的询单转化率偏低，需要运营人员结合数据情况对异常数据进行鉴别与分析，通过分析结果来明确造成数据偏低的主要原因，从而找到促进数据增长的途径。

【任务操作】

异常数据可以通过数据监控报表的异常数据波动反映出来，也可以借助数据监控工具进行查看，本次任务借助数据表来对数据异常进行鉴别与分析，其操作步骤及关键节点成果展示如下。

步骤 1：扫描二维码获取诊断异常数据鉴别与分析的相关数据。

异常数据鉴别与分析源数据

选取影响客服转化的三个核心数据指标：客服首次响应时长（秒）、客服 10 分钟未响应次数、客服未回复次数，完成数据统计，如表 8-1 所示。

表 8-1　影响客服转化的核心数据

日期	客服首次响应时长（秒）	客服 10 分钟未响应次数	客服未回复次数
2019-10-1	76	5	0
2019-10-2	82	8	0
2019-10-3	79	2	2
2019-10-4	78	5	0
2019-10-5	69	3	0
2019-10-6	58	2	1
2019-10-7	76	0	0
2019-10-8	89	1	0
2019-10-9	66	0	0
2019-10-10	123	10	3
2019-10-11	102	12	2
2019-10-12	85	2	0
2019-10-13	50	5	0
2019-10-14	66	0	0
2019-10-15	69	2	0
2019-10-16	85	1	0
2019-10-17	68	3	1
2019-10-18	72	5	0
2019-10-19	85	1	0
2019-10-20	59	3	0
2019-10-21	77	5	0
2019-10-22	78	1	0
2019-10-23	65	0	0
2019-10-24	60	2	0
2019-10-25	59	0	0
2019-10-26	68	6	1
2019-10-27	74	1	0
2019-10-28	65	3	0
2019-10-29	81	1	0
2019-10-30	69	0	0
2019-10-31	90	1	0.

数据来源：生意参谋—服务—核心监控。

步骤 2：异常数据鉴别，分析异常原因。

（1）分析影响客服转化的相关数据。

在已知店铺对以上三个核心数据的合理范围设置表图 8-2 所示。学员可以利用条件格式对异常数据进行突出显示。首先框选需要处理的数据，然后点击"条件格式"按钮，在其下拉菜单中选择"突出显示单元格规则"选项，选定规则，并完成规则设置，即可完成异常数据的突出显示，如图 8-7 和图 8-8 所示。

表 8-2　指标波动正常范围

数据类型	正常波动范围
客服首次响应时长	≤90 秒，为正常数据范围 ＞90 秒，为异常数据范围
客服 10 分钟未响应次数	≤5 次，为正常数据范围 ＞5 次，为异常数据范围
客服未回复人次	＞0 次，为异常数据范围

图 8-7　条件格式-突出显示单元格规则

图 8-8　规则设置

对照表 8-2 中的指标正常波动范围,分别对客服首次响应时长、客服 10 分钟未响应次数、客服未回复次数的异常数据突出显示,如表 8-3 所示。

表 8-3　影响客服转化的核心数据分析表

日　期	客服首次响应时长/秒	客服 10 分钟未响应次数	客服未回复次数
2019-10-1	76	5	0
2019-10-2	82	8	0
2019-10-3	79	2	2
2019-10-4	78	5	0
2019-10-5	69	3	0
2019-10-6	58	2	1
2019-10-7	76	0	0
2019-10-8	89	1	0
2019-10-9	66	0	0
2019-10-10	123	10	3
2019-10-11	102	12	2
2019-10-12	85	2	0
2019-10-13	50	5	0
2019-10-14	66	0	0
2019-10-15	69	2	0
2019-10-16	85	1	0
2019-10-17	68	3	1
2019-10-18	72	5	0
2019-10-19	85	1	0
2019-10-20	59	3	0.
2019-10-21	77	5	0
2019-10-22	78	1	0
2019-10-23	65	0	0
2019-10-24	60	2	0
2019-10-25	59	0	0
2019-10-26	68	6	1
2019-10-27	74	1	0
2019-10-28	65	3	0
2019-10-29	81	1	0
2019-10-30	69	0	0
2019-10-31	90	1	0

（2）分析客服个体服务数据。

分析了影响客服转化的整体数据之后，要看具体是哪个客服的数据异常，有待提升，就需要去采集客服个体的数据，找到待提升服务的薄弱环节。选择数据指标，对客服个体服务的核心数据进行汇总整理，如表8-4所示。

表 8-4　客服个体服务数据

客服名称	客服未回复人次	客服答问比	客服回复率%	平均响应时长/秒
叶子	2	1.01	99.80	51.20
小雪	0	1.20	100.00	45.00
璇儿	1	0.90	99.00	56.90
舟舟	1	0.98	95.00	60.00
琪琪	0	1.05	100.00	61.00
团团	1	1.18	99.50	62.00
可儿	10	0.35	50.00	49.70

数据来源：生意参谋—服务—接待能力—接待排行。

接下来选择排序方式分别按照客服答问比、客服回复率及平均响应时长对客服进行排序，并将排序结果名次填入表8-5中。其中客服答问比数值越大说明客服态度越热情，客服回复率越高越好，平均响应时长越低越好。

表 8-5　客服个体服务数据排序

客服名称	是否出现客服未回复	客服答问比排序名次	客服回复率排序名次	平均响应时长排序名次
小雪				
团团				
琪琪				
叶子				
舟舟				
璇儿				
可儿				

请根据表8-5中的数据结果，分析每个客服的服务能力，并提出每人需要提升的薄弱环节，填入表8-6中。

表 8-6　客服个人服务能力分析

客服名称	客服个人服务能力分析
小雪	
团团	
琪琪	
叶子	
舟舟	
璇儿	
可儿	

步骤 3：制定优化对策。

结合影响客服转化的核心数据分析结果，请为店铺整体的客服转化数据提升制定策略，并结合客服个人服务能力分析结果对服务能力较弱的人员提出优化对策。

三、任务问题

_____

_____

_____

_____

_____

_____

_____

四、完成结果

参考文献

[1] 佘莉，刘闯，韩筱璞，等. 商务数据分析[M]. 北京：清华大学出版社，2016.

[2] 宁赛飞. 数据分析基础[M]. 北京：人民邮电出版社，2018.

[3] 胡华江，杨甜甜. 商务数据分析与应用[M]. 北京：电子工业出版社，2018.

[4] 杨子武. 商务数据分析[M]. 北京：高等教育出版社，2020.

[5] 北京中清研信息技术研究院. 电子商务数据分析[M]. 北京：电子工业出版社，2016.

[6] 王汉生. 商务数据分析与应用[M]. 北京：中国人民大学出版社，2011.

[7] 沈凤池. 商务数据分析与应用[M]. 北京：人民邮电出版社，2019.

[8] 袁磊，卢山，何志红. 商务数据分析基础[M]. 北京：机械工业出版社，2019.

[9] 吴洪贵. 商务数据分析与应用[M]. 北京：高等教育出版社，2019.